聖徳太子勝鬘経講讃坐像

聖徳太子が前机に経典を広げて『勝鬘経』を講じた様子を現している。
豊臣秀頼が中山寺の再建にあたった桃山時代の作品。（中山寺所蔵）

法隆寺 夢殿

聖徳太子がしばしば瞑想にふけったとされる伝承から夢殿と呼びならわされた法隆寺東院にある八角堂。天平11(739)年、行信によって造営されたと伝わる。

聖徳太子二王子像

両脇にふたりの王子を従えた最も有名な聖徳太子像は、別名・唐本御影とも呼ばれる。聖徳太子を描いた最古のものと伝わる。

聖徳太子絵伝（部分）

聖徳太子の生涯における70あまりの事績を4面にまとめて描いている。中世以降、太子信仰が高まると、こうした絵巻が数多く制作された。上の絵巻は鎌倉時代後期のものである。（東京国立博物館蔵）

『日本書紀』憲法十七条全文〈岩崎本〉

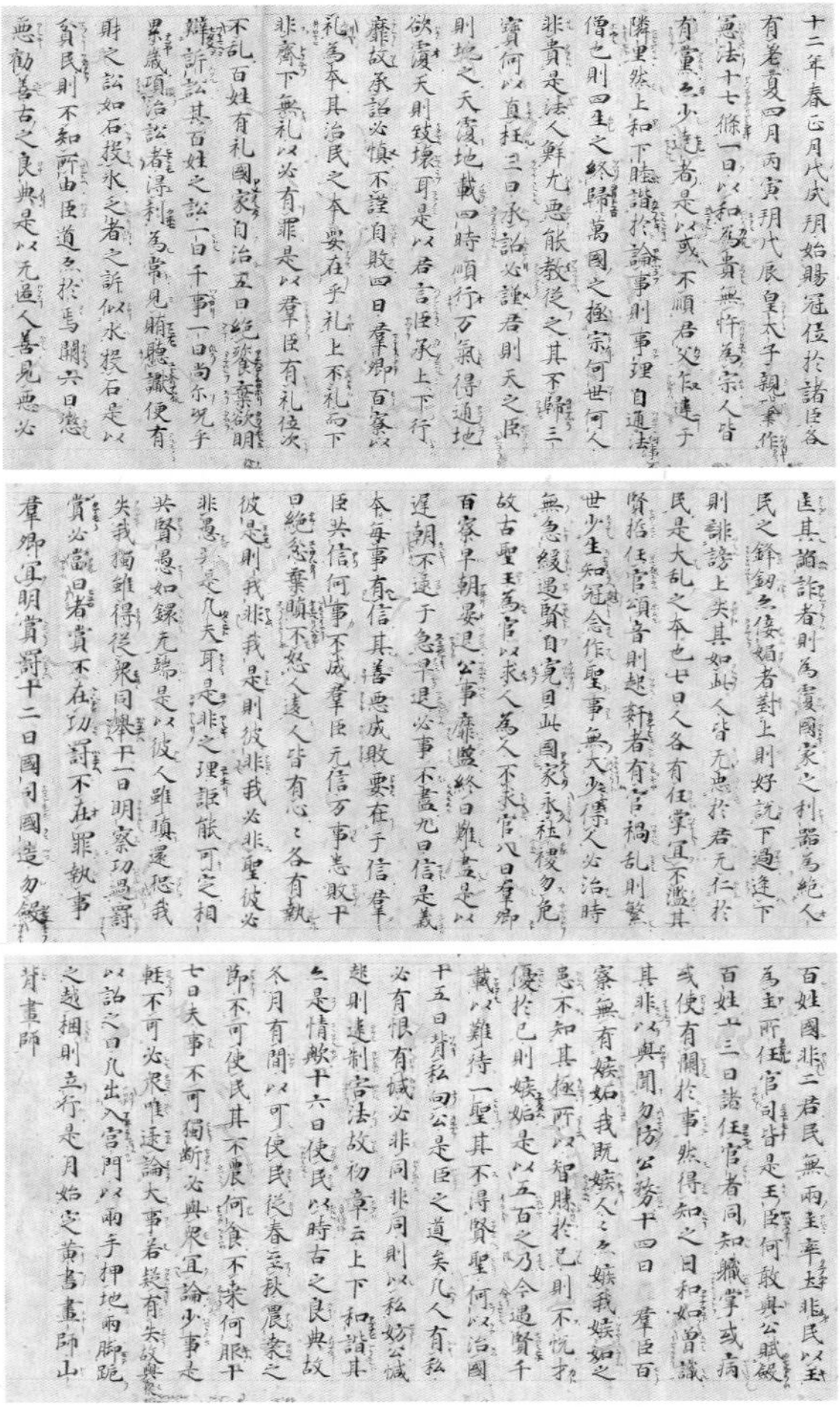

十二年春正月戊戌朔始賜冠位於諸臣各
有差夏四月丙寅朔戊辰皇太子親肇作
憲法十七條一曰以和爲貴無忤爲宗人皆
有黨亦少達者是以或不順君父乍違于
隣里然上和下睦諧於論事則事理自通法
僧也則四生之終歸萬國之極宗何世何人
非貴是法人鮮尤悪能教從之其不歸三
寶何以直枉三曰承詔必謹君則天之臣
則地之天覆地載四時順行万氣得通地
欲覆天則致壞耳是以君言臣承上下行
靡故承詔必愼不謹自敗四曰羣卿百寮以
礼爲本其治民之本要在乎礼上不礼而下
非齊下無礼以必有罪是以羣臣有礼位次
不乱百姓有礼國家自治五曰絶饗棄欲明
辯訴訟其百姓之訟一日千事一日尚尓况乎
累歳頃治訟者得利爲常見賄聽讞便有
財之訟如石投水乏者之訴似水投石是以
貧民則不知所由臣道亦於焉闕六曰懲
悪勸善古之良典是以无匿人善見悪必
匡其諂詐者則爲覆國家之利器爲絶人
民之鋒剱亦侫媚者對上則好説下過逢下
則誹謗上失其如此人皆无忠於君无仁於
民是大乱之本也七曰人各有任掌宜不濫其
賢哲任官頌音則起姧者有官禍乱則繁
世少生知冠念作聖事無大少得人必治時
無急緩遇賢自寛因此國家永久社稷勿危
故古聖王爲官以求人爲人不求官八曰羣卿
百寮早朝晏退公事靡盬終日難盡是以
遅朝不逮于急早退必事不盡九曰信是義
本毎事有信其善悪成敗要在于信羣
臣共信何事不成羣臣无信万事悉敗十
曰絶忿棄瞋不怒人違人皆有心心各有執
彼是則我非我是則彼非我必非聖彼必
非愚共是凡夫耳是非之理詎能可定相
共賢愚如鐶无端是以彼人雖瞋還恐我
失我獨雖得從衆同擧十一曰明察功過罰
賞必當日者賞不在功罰不在罪執事
羣卿宜明賞罰十二曰國司國造勿斂
百姓國非二君民無兩主率土兆民以王
爲主所任官司皆是王臣何敢與公賦斂
百姓十三曰諸任官者同知職掌或病
或使有闕於事然得知之日和如曾識
其非以與聞勿防公務十四曰羣臣百
寮無有嫉妬我既嫉人人亦嫉我嫉妬之
患不知其極所以智勝於己則不悦才
優於己則嫉妬是以五百之乃今遇賢千
載以難待一聖其不得賢聖何以治國
十五曰背私向公是臣之道矣凡人有私
必有恨有憾必非同非同則以私妨公憾
起則違制害法故初章云上下和諧其
亦是情歟十六曰使民以時古之良典故
冬月有間以可使民從春至秋農桑之
節不可使民其不農何食不桑何服十
七曰夫事不可獨断必與衆宜論少事是
軽不可必衆唯逮論大事若疑有失故與衆
以詔之曰凡出入宮門以兩手押地兩脚跪
之越梱則立行是月始定黄書畫師山
背畫師

平安時代の写本である岩崎本は古訓点を記す最古のものとされる。「憲法十七条」の記述が見える推古12(604)年の部分には、第一条の「以和為貴(やわらぎをもってとうとしとなし)」の一文が見える。

(京都国立博物館所蔵)

青春文庫

図説 地図で迫る古代日本のルーツ!

聖徳太子 遺された七つの謎

千田 稔[監修]

青春出版社

はじめに

日本人の聖徳太子《しょうとくたいし》に寄せる思いは、憲法十七条《けんぽうじゅうななじょう》の冒頭にある「和《やわらぎ》を以《もっ》て貴《とうと》しとなし……」とする「和《わ》」の心である。日本人が「和」を尊ぶ民族であるかどうかは、容易にいえないとしても、「和」にあこがれてきたことは確かであろう。

聖徳太子の「和」の思想は、不安定な飛鳥《あすか》の政治的な状況から生み出されたものだと私は思うが、日本の東アジアにおけるこれまでの行為がはたして「和」を求めたものかどうか、常《つね》に問いかけねばならない課題である。活気あるアジアの時代が進展しつつある現在こそ、聖徳太子を深く理解する必要があろう。

聖徳太子の歩みも、東アジアとのつながりがつよい。仏教の教えを朝鮮半島の僧たちからうけ、かつ物質的なサポートは渡来系《とらいけい》の秦《はた》氏によった。また太子の判断もあったとされる遣隋使《けんずいし》も、積極的な外交へと発展し、のちの時代における大陸文化の受容の先駆《せんく》的な役割を果たした。

聖徳太子にまつわる伝承は、余りにも多くある。それは奈良時代前後から、太子への信仰が盛んになったからである。そのため、聖徳太子の実像がとらえにくくなり、あげくのはては、聖徳太子の実在すら疑う説もでてきた。だが、聖徳太子信仰が人々の間に広がるには、まったく架空のところから、生まれることはあり得ない。信仰に値する実在の人物が、人々を引き付ける魅力をもっていたからであろうと、私は考える。その人物は厩戸皇子《うまやどのみこ》であったことはいうまでもなく、皇子の政治と仏教にかかわる史実としての足跡を丹念に探ることから、あらためて聖徳太子像を描くのがよいであろう。

たしかに聖徳太子は、謎につつまれた部分が少なくない。蘇我《そが》氏との関係は、なぜ斑鳩《いかるが》に宮をおいたのか、なぜ天皇（大王）にならなかったのか……など。それだけではない。太子が死去した後にも、未解決の問題がある。太子の死を悲しみ、作られたという天寿国繡帳《てんじゅこくしゅうちょう》の実際の製作年代、天智《てんじ》朝に火災にあった斑鳩寺の後に建立された現法隆寺《ほうりゅうじ》の完成年代や、その施主《せしゅ》はだれか、などさまざまな疑問が湧いてくる。

本書は、聖徳太子について多角的に語られている。読み手の皆さんは、聖徳太子についてこれまで持ってきた先入観を、丁寧《ていねい》に、薄い紙をはがすようにしながら、聖徳太子という人物が創り上げた史実の世界に近づいてほしい。そして、本書を携《たずさ》えて太子に出会う旅にでかけてほしい。

千田　稔

図説 地図で迫る古代日本のルーツ！ 聖徳太子 遺された七つの謎◎目次

第二章　聖徳太子の事績　65

第三章　聖徳太子と仏教　111

カバー写真提供／中山寺
本文写真提供／東京国立博物館、道後温泉事務所、奈良文化財研究所、奈良国立博物館、埼玉県立歴史と民俗の博物館、国立国会図書館、京都国立博物館
図版・DTP／ハッシィ
※口絵3頁、本文13・25・55・77・128・131・133・151・174・183頁の『聖徳太子絵伝』は国立文化財機構所蔵品統合検索システムを出典としています。
ColBase（https://colbase.nich.go.jp/）

序章

聖徳太子の七つの謎

序章　聖徳太子の七つの謎

古代日本に〝和の革命〟を巻き起こした聖人

聖徳太子《しょうとくたいし》は、推古《すいこ》天皇の摂政《せっしょう》として憲法十七条《けんぽうじゅうななじょう》、冠位十二階《かんいじゅうにかい》を制定するなど、古代日本の発展に貢献した六世紀末から七世紀初頭の政治家である。

歴史上の人物の中でも高い人気を誇る聖徳太子の魅力は「和《わ》」の思想にあるだろう。憲法十七条の第一条に「和《やわらぎ》を以《もっ》て貴《とうと》しとなし」という一文を据《す》えて、豪族《ごうぞく》間のいさかいを「和」でもって鎮《しず》めるという先進的な思想を提示した。

協調性や社会性を重要視する現代日本人の精神的な支柱ともいえる「和」の思想は、このときに芽生えたと言っても過言ではない。仏教の精神を取り入れながら、理想の政治を追求し続けた聖徳太子はどのような生涯を送ったのか。

謎の一　聖徳太子誕生

聖徳太子は敏達《びだつ》三（五七四）年、敏達天皇の弟でのちに用明《ようめい》天皇となる橘豊日《たちばなのとよひの》

『聖徳太子絵伝』―聖徳太子の誕生の場面―

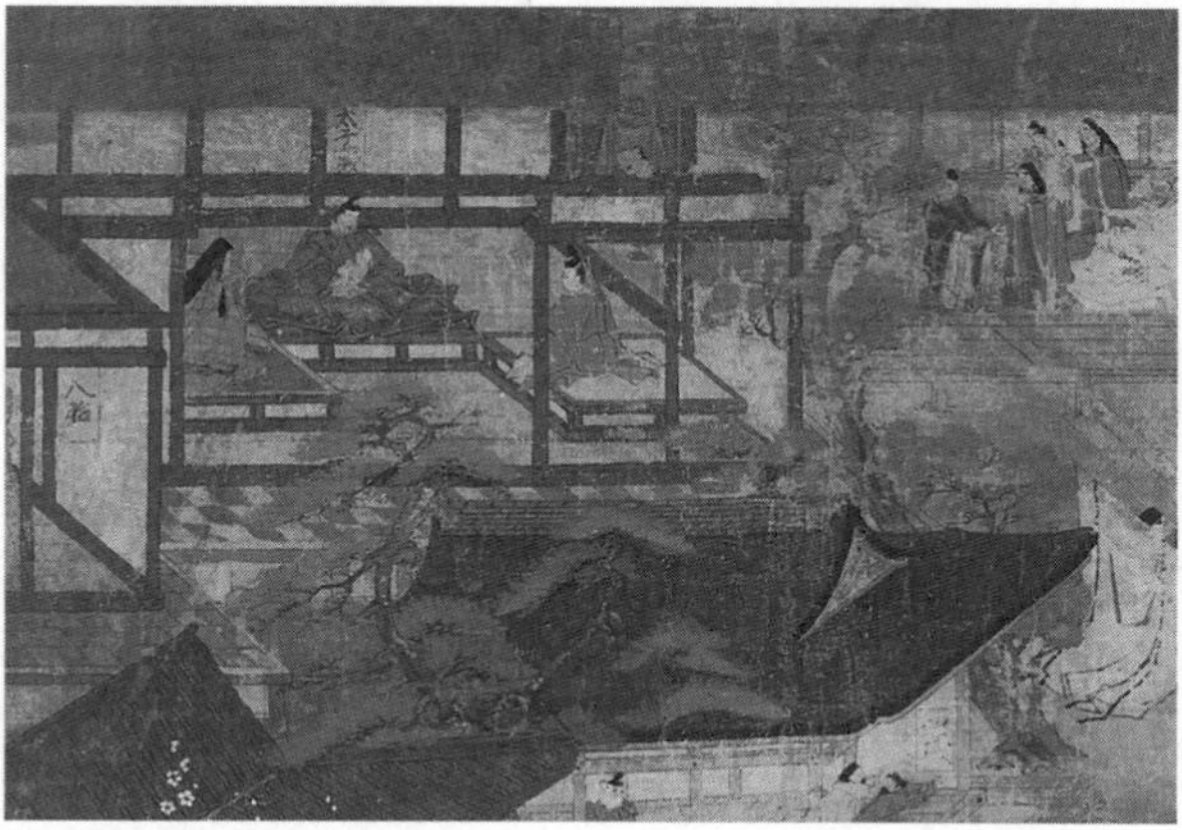

聖徳太子の生誕地を橘寺とする伝承もある。
（上野法橋、但馬房／東京国立博物館所蔵）

皇子《みこ》と穴穂部間人皇女《あなほべのはしひとのひめみこ》の間の長男として生まれた。

本書では便宜上《べんぎじょう》、通称として用いられている「聖徳太子」と記すが、聖徳太子は実に多くの名を持つことでも知られる。実名は『日本書紀《にほんしょき》』では厩戸皇子《うまやどのみこ》だが、当時「皇子」という称号があったかどうかは疑わしいとされている。

そのほかに豊聡耳皇子《とよとみみのみこ》、上宮《じょうぐう》太子《たいし》などいくつかの呼び名が伝わっている。聖徳太子という名はおそらく後世に名づけられたものであろう。

『日本書紀』によれば、聖徳太子

は、母の穴穂部間人皇女が厩の戸に当たった拍子《ひょうし》に生まれたという。その後は幼くして天才的な能力を発揮したといわれ、一〇人の話を一度に聞き分けた、七歳で「経論《きょうろん》一〇〇巻」を読破《どくは》したなど、無数の伝説に彩られた幼少期を送った。

謎の二　仏教保護

幼少時代の聖徳太子が深く関わり、政治のあり方も含め大きな影響を受けたと考えられるのが、仏教である。

太子は長じたのちに仏教を篤《あつ》く保護するのだが、そのきっかけは、父の用明天皇や蘇我馬子《そがのうまこ》との関わりが大きいと考えられている。

聖徳太子が十二歳のとき父の橘豊日皇子が磐余《いわれ》の池辺双槻宮《いけべのなみつきのみや》にて即位した。この用明天皇は、天皇で初めて仏教に帰依《きえ》した人物である。

また、聖徳太子にとって大叔父《おおおじ》にあたる馬子は仏教保護の先駆者だ。欽明《きんめい》一三（五五二）年、馬子の父・稲目《いなめ》は天皇から私的に仏を祀《まつ》ることを許されている。

子の馬子も高句麗《こうくり》の還俗僧《げんぞくそう》・恵便《えべん》を師として招いて仏殿を造り、飛鳥寺《あすかでら》を建立《こんりゅう》するなど仏教の興隆に力を注いでいる。

父と大叔父がきっかけとなった聖徳太子の仏教信仰

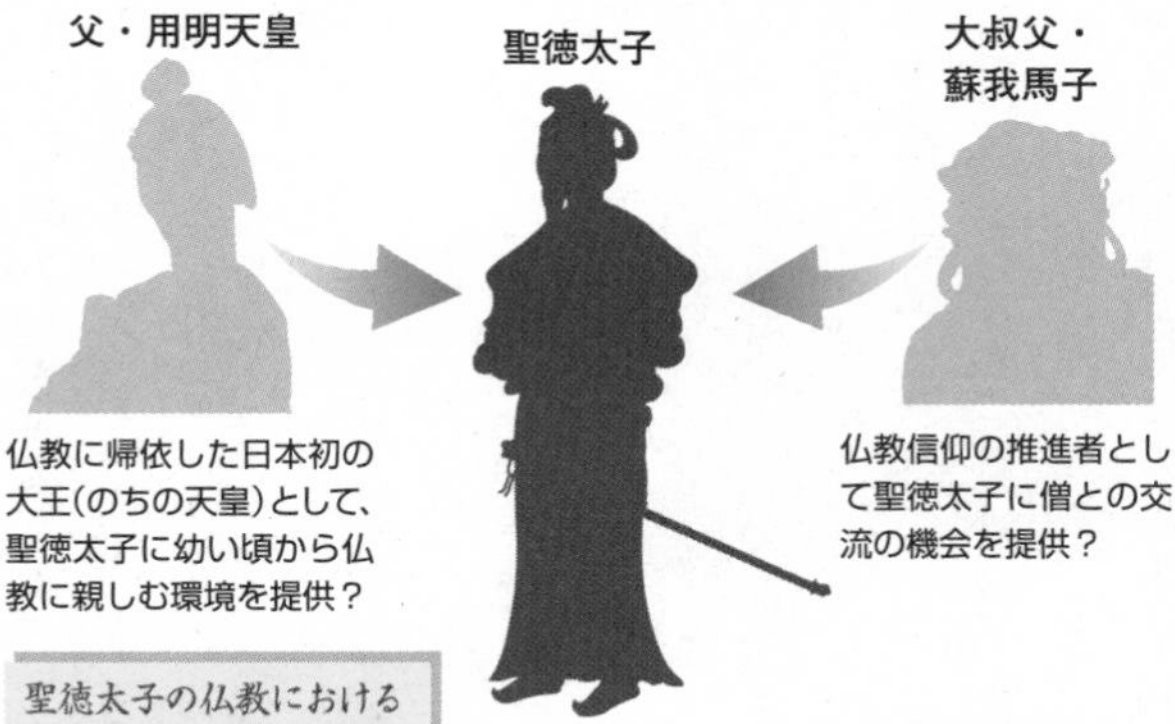
父・用明天皇
聖徳太子
大叔父・蘇我馬子
仏教に帰依した日本初の大王(のちの天皇)として、聖徳太子に幼い頃から仏教に親しむ環境を提供？
仏教信仰の推進者として聖徳太子に僧との交流の機会を提供？

聖徳太子の仏教における主要な功績

・四天王寺、斑鳩寺などの寺院建立　・経典の注釈書『三経義疏』の執筆
・勝鬘経などの講経

聖徳太子は父の影響で仏教に親しみ、馬子邸に出入りするうちに仏教に魅了されていく。

聖徳太子が生まれた時代は仏教が日本に伝わってまだ半世紀程しか経っておらず、仏教は日本に浸透していなかった。それどころか仏教排斥《はいせき》も行なわれるなど、厳しい状況にあった。

こうした風潮においても、確固たる信仰を確立した太子は、排仏派の物部《もののべ》氏追討に貢献するなどして障害を排除し、仏教国家への道のりを切り拓いている。

四天王寺《してんのうじ》や法隆寺《ほうりゅうじ》（斑鳩寺《いかるがでら》）

を建立し、お経の注釈書《ちゅうしゃくしょ》を作っている。

また、憲法十七条でも「三宝《さんぽう》（仏《ほとけ》・法《のり》・僧《ほうし》）を敬え」と仏教保護の姿勢を前面に打ち出している。そして何より、斑鳩の地を飛鳥と並ぶ仏教の中心地として育てたその功績は大きい。

こうして日本における仏教文化の礎《いしずえ》を築き上げた聖徳太子は、はるか時を経た現代でも、しばしば「日本仏教の祖」と称えられているのである。

謎の三　皇位継承

用明二（五八七）年、十四歳になった聖徳太子は初めての戦場を経験する。蘇我馬子がかねてより仏教の受け入れなどを巡って対立していた物部守屋《もりや》を攻撃し、これを討滅《とうめつ》したのである。

このとき聖徳太子は蘇我軍として参戦。蘇我軍が劣勢とみると、四天王に戦勝祈願をして蘇我軍を勝利に導いている。

その後は馬子の後押しによって崇峻《すしゅん》天皇が擁立《ようりつ》されたが、実権を馬子らに握られたままの天皇は、やがて馬子と反目。その結果崇峻天皇は馬子に遣わされた東《やまとの》漢直駒《あやのあたいこま》によって暗殺されてしまう。

このとき、次期天皇に最も近い位置にいた皇子の一人が、当時十九歳だった聖徳太子である。

用明天皇とその皇后の長男という点で血統的にも申し分なく、蘇我氏との血縁という点から支援勢力も磐石《ばんじゃく》。また、聖徳太子自身、幼少の頃から英邁《えいまい》の誉《ほま》れが高く資質的にも十分であった。

しかし、この混乱の中、天皇に即位《そくい》したのは、亡き敏達天皇の大后《おおきさき》・炊屋姫《かしきやひめ》であった。日本史上初の女帝・推古天皇誕生である。

なぜ聖徳太子は天皇になれなかったのか。これについてはさまざまな憶測がなされてきた。

当時の慣行《かんこう》では天皇即位の条件は三十歳前後であったとも、推古天皇がわが子・竹田皇子《たけだのみこ》かわいさのあまり聖徳太子の即位を阻んだともいわれるが、政界には聖徳太子がすんなり天皇になれない複雑な事情が存在していたと考えられている。

推古元（五九三）年、聖徳太子は推古天皇の摂政《せっしょう》、次いで皇太子《ひつぎのみこ》の地位につく。

当時実際に皇太子という地位があったかどうかは疑わしいものの、これ以降、聖徳太子は推古天皇、蘇我馬子とともに三頭《さんとう》体制で国政を担っていくことになる。

謎の四　冠位十二階と憲法十七条

推古元（五九三）年、二十歳で天皇を補佐する摂政に任ぜられた聖徳太子は、相次ぐ内乱と天皇暗殺で混乱する国家の建て直しを迫られていた。

そして、周囲の期待に応えるかのように、聖徳太子は摂政として矢継《やつ》ぎ早《ばや》に革命的な政策を打ち出していく。

その代表的な政策が推古一一（六〇三）年に制定された冠位十二階と翌年に定められた憲法十七条である。これらは、新しい人材登用策を軸とした官僚制度をもとに、天皇を中心とした中央集権国家の確立を目指したものである。

これらの新政策導入の大きなきっかけとなったのは、推古八（六〇〇）年の遣隋《けんずい》使派遣《しはけん》だったと考えられる。

通常、第一回遣隋使というと、「日出《ひい》ずる処《ところ》の天子《てんし》」で始まる国書で有名な推古一五（六〇七）年のものと想像するだろう。だが、じつは、この第一回遣隋使派遣は、日本の正史である『日本書紀』に記述されていない。にもかかわらず、隋の正史で

内政の転換の契機となった600年の遣隋使派遣

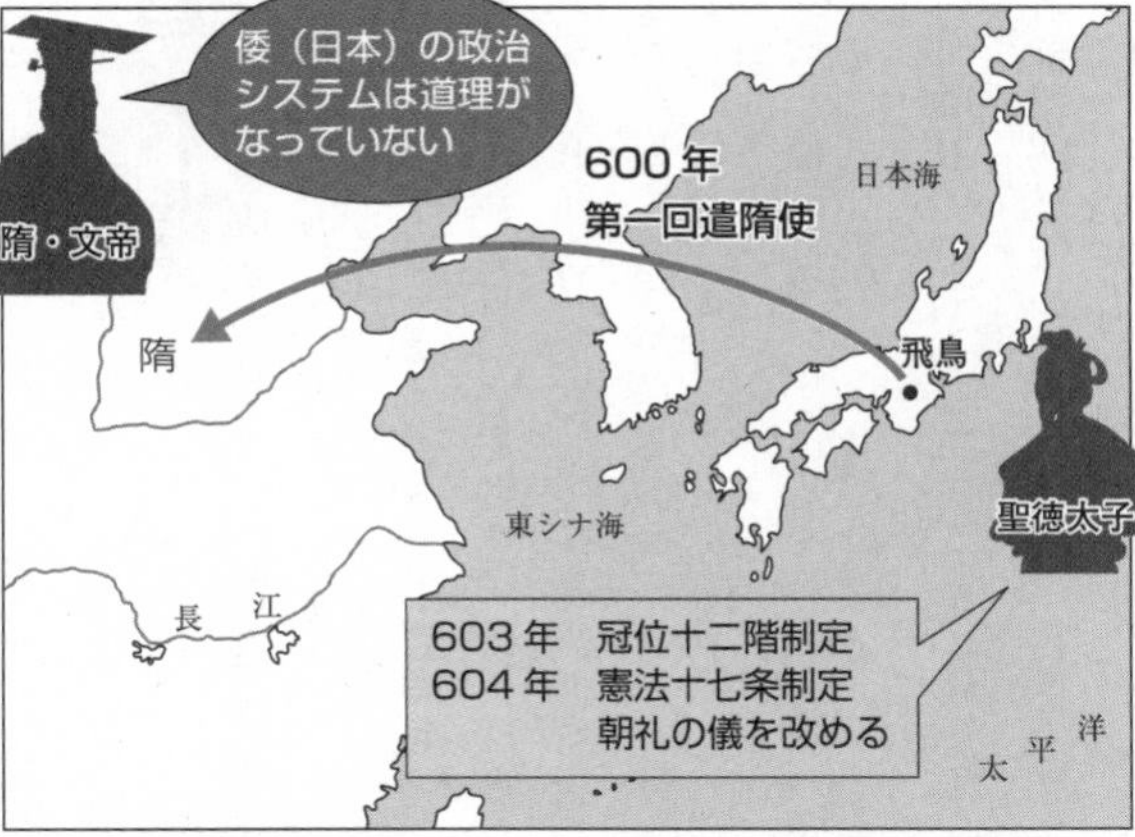

倭（日本）の政治
システムは道理が
なっていない
隋・文帝
600 年
第一回遣隋使
日本海
隋
飛鳥
東シナ海
聖徳太子
長　江
603 年　冠位十二階制定
604 年　憲法十七条制定
朝礼の儀を改める
太平洋

600 年の遣隋使派遣をきっかけに内政改革に乗り出した聖徳太子。

ある『隋書《ずいしょ》』倭国伝《わこくでん》には記されているという謎の多い事績《じせき》である。

のちに帰国したこの第一回の遣隋使からもたらされた報告が、聖徳太子に大胆な政治改革を決意させるのだった。

遣隋使たちは、日本の国威をアピールするべく、派遣されたものの、かえって隋の文帝《ぶんてい》より日本の政治は、道理にかなっていないと指摘されてきたのである。

自国の立ちおくれを痛感した聖徳太子はそれから間もなく冠位十二階制定に始まる内政改革に着手し、その後、本格的な遣隋使派遣に踏み切って隋との対等外交を実現させている。

謎の五 遣隋使

雄略《ゆうりゃく》天皇以降、中国との交流は途絶え、この頃の日本の外交はもっぱら朝鮮半《ちょうせんはん》島《とう》の経営に焦点が当てられていた。

こうした流れのなか、大和《やまと》政権は欽明《きんめい》二三（五六二）年、拠点としていた半島南部の任那《みまな》を新羅《しらぎ》に滅ぼされると、その復興にやっきになる。以後、敏達、用明、崇峻朝と大和政権が依然として任那復興を大命題に掲げるなか、聖徳太子は外交方針の大きな転換を図っている。

その特徴は、それまでの朝鮮半島中心の外交から中国に成立したばかりの統一王朝・隋へと軸足《じくあし》を移したことにある。この分岐点となったのが、新羅遠征と遣隋使である。

まず推古一〇（六〇二）年、聖徳太子は日本の悲願であった任那復興のために大軍を新羅に向けて出陣させたが、将軍に任命された聖徳太子の実弟来目皇子《くめのみこ》の病死などもあり、遠征自体が途中で頓挫《とんざ》している。しかしこれは聖徳太子の意図的な遠

7世紀初頭の外交政策

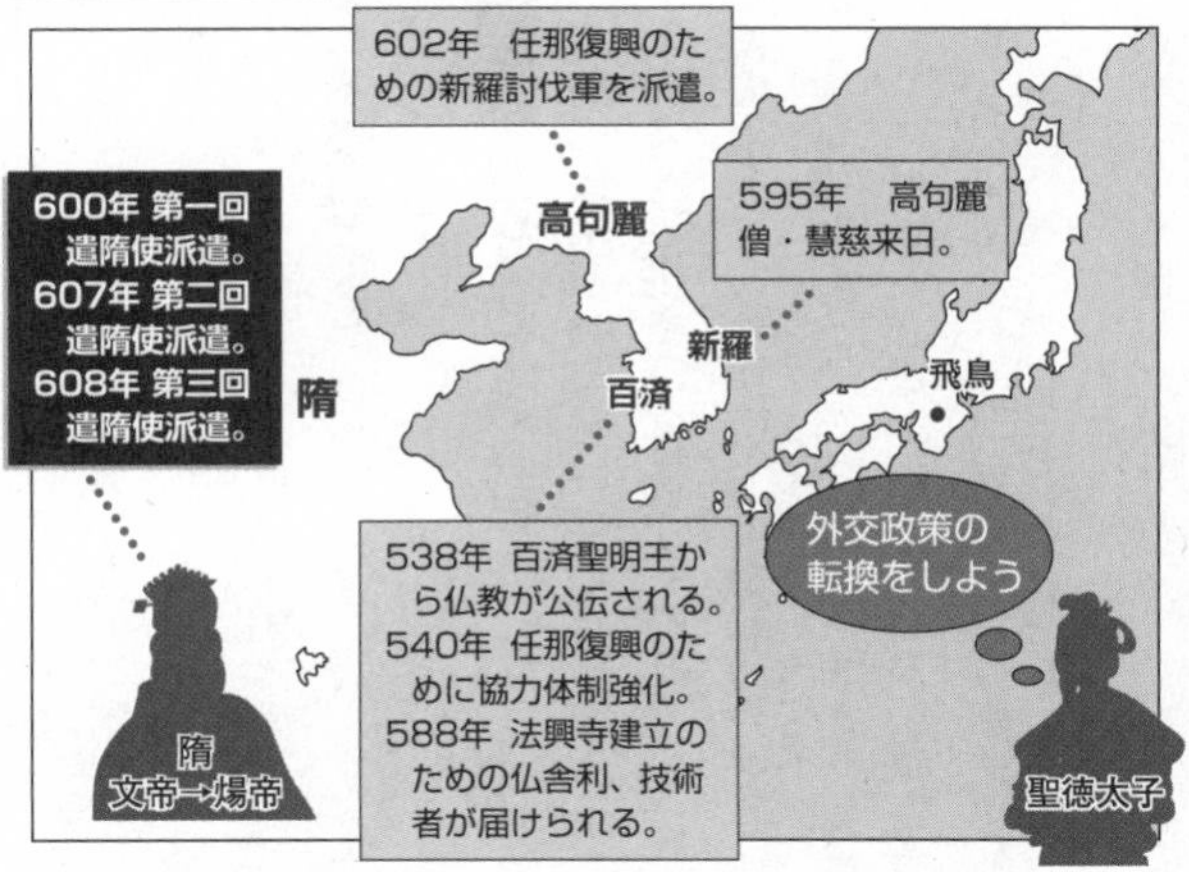
602年　任那復興のための新羅討伐軍を派遣。
600年 第一回遣隋使派遣。
607年 第二回遣隋使派遣。
608年 第三回遣隋使派遣。
高句麗
595年　高句麗僧・慧慈来日。
新羅
百済
隋
飛鳥
外交政策の転換をしよう
538年 百済聖明王から仏教が公伝される。
540年 任那復興のために協力体制強化。
588年 法興寺建立のための仏舎利、技術者が届けられる。
隋
文帝→煬帝
聖徳太子

外交政策の軸足を朝鮮半島から隋へ移動させた聖徳太子。

征中止と見ることもできる。

この頃から聖徳太子は大きく外交政策を転換させていく。彼の視線は新羅から、東アジア全体へと広がり、それに伴い隋中心の文化外交政策へと方針を転換させたのである。

この転換も内政改革と同じく第一回の遣隋使派遣が刺激になったようだ。そして、一世紀ぶりに中国との国交を回復すべく、推古一五（六〇七）年に小野妹子《おののいもこ》らを遣隋使として派遣したのである。

注目すべきは聖徳太子が外交手腕を駆使《くし》し、朝貢《ちょうこう》ではなく対等的外交に持ち込んだことである。

これまでの東アジア世界では、中国の主に対して朝鮮半島や日本といった周辺国家は従の関係にあった。太子はこの関係を覆したのである。

こうして太子が築き上げた中国との交流は、国内改革を推進させ、仏教文化を開花させる要因ともなった。

謎の六　斑鳩遷居とその目的

精力的に政治活動を続けていた聖徳太子だが、推古一三（六〇五）年、突然、飛鳥から斑鳩へと住まいを移している。

政治の中枢にいる聖徳太子が政治の中心地である飛鳥を離れ、斑鳩に移転したという事実は当時の人々にも驚きをもって迎えられただろう。

しかも、遣隋使派遣以外、聖徳太子は政治の表舞台から姿を消してしまう。

こうした事情から、聖徳太子が斑鳩に移転した理由については、諸説取りざたされてきた。

その代表的な説は、蘇我馬子との仏教観による対立によるというものである。ま

斑鳩遷居の背景

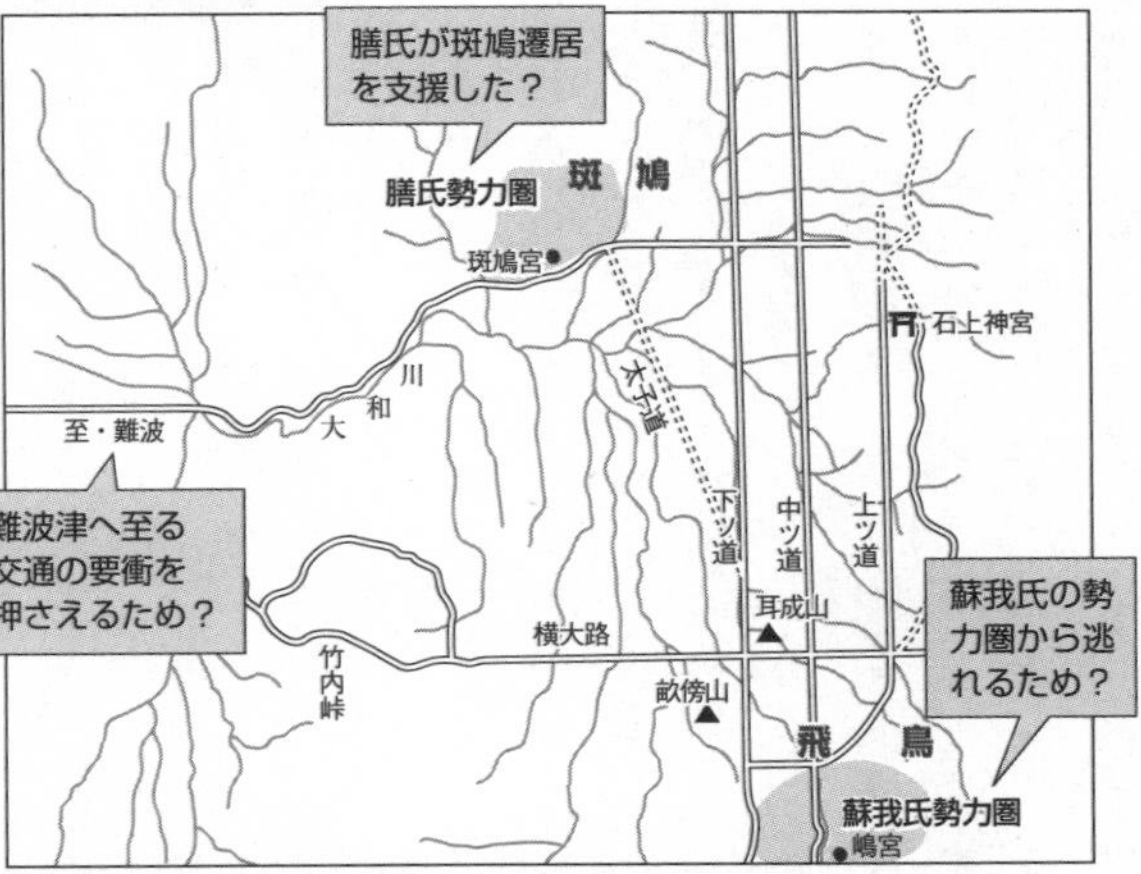
膳氏が斑鳩遷居を支援した？
斑鳩
膳氏勢力圏
斑鳩宮
石上神宮
太子道
大和川
至・難波
難波津へ至る交通の要衝を押さえるため？
下ツ道
中ツ道
上ツ道
耳成山
横大路
竹内峠
畝傍山
蘇我氏の勢力圏から逃れるため？
飛鳥
蘇我氏勢力圏
嶋宮

聖徳太子の斑鳩遷居にはさまざまな要因があったと考えられる。

た、聖徳太子が政治から距離をおくために、この地に理想の仏都《ぶっと》実現を目指したという説もある。

実際、聖徳太子はこの斑鳩で仏教三昧《ざんまい》の日々を送り、『三経義《さんぎょうぎ》疏《しょ》』（『勝鬘経《しょうまんぎょう》義疏』・『法華《ほっけ》義疏』・『維摩経《ゆいまぎょう》義疏』）を完成させるなど、後半生の多くの時間を仏教興隆事業に費やしている。

逆に、隋との本格的な交流を控え、その拠点作りのために、斑鳩に移転した、または斑鳩を通って難波津《なにわづ》へ抜ける交通路を押さえるための進出だったなどと、積極的な遷居《せんきょ》とみる向きもある。

政治の中枢にいながら、突然、それらを一切捨て去って斑鳩に遷《うつ》り住んだ聖徳太子。華々しい政治の舞台から遠ざかるにはそれなりの理由があったと考えられる。

謎の七　謎に包まれた晩年と死

政治の表舞台から姿を消し、仏教の研鑽《けんさん》に没頭する日々を送っていた聖徳太子にもやがて最期の時が訪れる。

聖徳太子が亡くなったのは推古三〇（六二二）年（異説もあり）。享年《きょうねん》四十九。叔母の推古天皇や大叔父・蘇我馬子に先立つ早すぎる死であった。

ところがこの死は単なる病死ではないという噂が、早い段階で流布《るふ》していた。というのも聖徳太子の母・穴穂部間人皇女、妃・菩岐々美郎女《ほききみのいらつめ》、そして聖徳太子と三人もの人間が相次いで亡くなっているからだ。とくに妃と聖徳太子は一日違い、または揃って死んだように伝える資料もあるため、死因については伝染病《でんせんびょう》とみなされる一方、病死ではなく、不審死《ふしんし》だったのではないかとも考えられている。そのため心中説、はては暗殺説まで飛び出していまだに議論はつきない。

聖徳太子の死後、妃の一人 橘大郎女《たちばなのおおいらつめ》がその死を悼《いた》み、聖徳太子が往生した天《てん》

『聖徳太子絵伝』―聖徳太子の死去―

聖徳太子の死は、老若男女を悲しませた。
（上野法橋、但馬房／東京国立博物館所蔵）

寿国《じゅこく》を想像した天寿国繍帳《てんじゅこくしゅうちょう》を作らせた。その銘文《めいぶん》には聖徳太子の言葉として「世間虚仮《せけんこけ》、唯仏是真《ゆいぶつぜしん》」（この世は仮の姿、仏だけが真実）と記されている。その制作年代については断案《だんあん》をみないが、この言葉は聖徳太子の精神面をよく反映させたものと解されている。

古代日本の礎を築いた聖徳太子は、多くの謎と業績を残して世を去った。だが彼が残した〝和〟の心は日本人の心として脈々と受け継がれている。以降、本書において日本人の心の原点である聖徳太子の実像に迫っていく。

●聖徳太子 関連年表

和暦	西暦	年齢	事項
敏達3	574	1	聖徳太子誕生。
敏達4	575	2	敏達天皇の大后・広姫が没し、炊屋姫を大后とする。
敏達12	583	10	敏達天皇、百済より日羅を召還する。
敏達14	585	12	敏達天皇が没する。
用明1	586	13	聖徳太子の父・橘豊日皇子が即位し用明天皇となる。聖徳太子の母・穴穂部間人皇女が大后になる。 穴穂部皇子が炊屋姫を殯宮で襲おうとするが、敏達天皇の忠臣・三輪君逆に阻まれる。
用明2	587	14	用明天皇、仏教に帰依する。 用明天皇が没する。 穴穂部皇子が殺される。 聖徳太子、蘇我軍に従い物部を滅ぼす。 泊瀬部皇子が即位し崇峻天皇となる。
崇峻1	588	15	百済が仏舎利・僧・寺工を献上する。 法興寺（飛鳥寺）の建立が始まる。 百済に学問僧・善信尼らが遣わされる。
崇峻3	590	17	善信尼ら帰国する。

崇峻4	591	18	任那復興を目指し、筑紫に軍が派遣される。
崇峻5	592	19	蘇我馬子が東漢直駒を派遣して崇峻天皇を暗殺する。
			炊屋姫が即位し推古天皇となる。
推古1	593	20	**聖徳太子、摂政となる**（異説あり）。
			聖徳太子、四天王寺を造る。
推古2	594	21	**推古天皇、蘇我馬子と聖徳太子に三宝興隆の詔を発する。**
推古3	595	22	のちに聖徳太子の師となる高句麗僧・慧慈が来日。
推古4	596	23	聖徳太子、慧慈とともに伊予湯岡に遊行。法興寺が完成し、慧慈が住む。
推古6	598	25	聖徳太子、推古天皇に『勝鬘経』を講経。
推古8	600	27	聖徳太子、第一回遣隋使を派遣する。
推古9	601	28	聖徳太子、斑鳩宮の造営を開始。
推古10	602	29	聖徳太子の同母弟・来目皇子が撃新羅大将軍に任命され筑紫へ向かう。
推古11	603	30	来目皇子、病没。
			聖徳太子の異母弟・当麻皇子が撃新羅大将軍に任命されるも帰京。
			推古天皇、小墾田宮に遷る。
			聖徳太子、冠位十二階制定。
推古12	604	31	**憲法十七条制定。**
			朝礼を改める。
推古13	605	32	**聖徳太子斑鳩へ遷居。**

和暦	西暦	年齢	事項
推古14	606	33	聖徳太子、岡本宮で『法華経』を講経。
推古15	607	34	**聖徳太子、第二回遣隋使として小野妹子を隋に遣わす。**
推古16	608	35	小野妹子、隋使・裴世清とともに帰国。
推古17	609	36	聖徳太子、『勝鬘経義疏』に着手。
推古19	611	38	**『勝鬘経義疏』完成。**
推古20	612	39	聖徳太子、『維摩経義疏』に着手。
推古21	613	40	**『維摩経義疏』完成。**
推古22	614	41	聖徳太子、『法華義疏』に着手。
推古23	615	42	**『法華義疏』完成。**
推古28	620	47	**聖徳太子、蘇我馬子とともに『天皇記』『国記』編纂に着手。**
推古30	622	49	聖徳太子、没。
			橘大郎女が天寿国繡帳を作成（天武朝成立の異説もある）。
推古34	626		蘇我馬子、没。
推古36	628		推古天皇、没。
舒明1	629		田村皇子が即位して、舒明天皇となる。
皇極1	642		舒明天皇の皇后・宝皇女が即位し、皇極天皇となる。
皇極2	643		蘇我入鹿、斑鳩宮を襲い、山背大兄王一家を滅亡へ追い込む。

第一章

聖徳太子の登場

第一章
聖徳太子の登場

聖徳太子前史

蘇我氏と物部氏の対立と崇仏論争

●新興豪族・蘇我氏の台頭

聖徳太子《しょうとくたいし》の生涯を知るにあたって、彼を取り巻く国内外の情勢に関する知識は欠かせない。聖徳太子生誕より遡《さかのぼ》ること三〇年あまり。五四〇年に宣化《せんか》天皇の跡をうけて即位した欽明《きんめい》天皇が真っ先に取り組んだのは、任那《みまな》の復興策であった。百済《くだら》、新羅《しらぎ》、高句麗《こうくり》の三国が争いを繰り広げていた当時の朝鮮半島において、日本が影響下に収めていたのが半島南部の任那である。六世紀になると、この地域はたびたび新羅の侵攻を受け、日本は朝鮮経営の後退を余儀なくされていた。

そこで欽明天皇は、任那日本府において、同盟国・百済と「任那復興」の会議を開いている。その一方で大和《やまと》政権内では朝鮮経営を牽引《けんいん》してきた大伴金村《おおとものかなむら》が外交の失敗を弾劾《だんがい》され失脚《しっきゃく》。長年、政治の中枢を占めていた大伴氏が表舞台から姿を消すという政権交代が起こっていた。

552年以前の朝鮮半島情勢

年	事　象
512年	大伴金村、百済に任那四県を割譲
540年	新羅、任那に侵攻 ⬇ 大和政権、任那復興に向けて百済と連携
547年	高句麗、百済を攻撃 ⬇ 百済、大和政権に救援要請 ⬇ 新羅、百済に侵攻した高句麗軍を撃退 ⬇ 新羅、百済の一部を併合

任那の滅亡

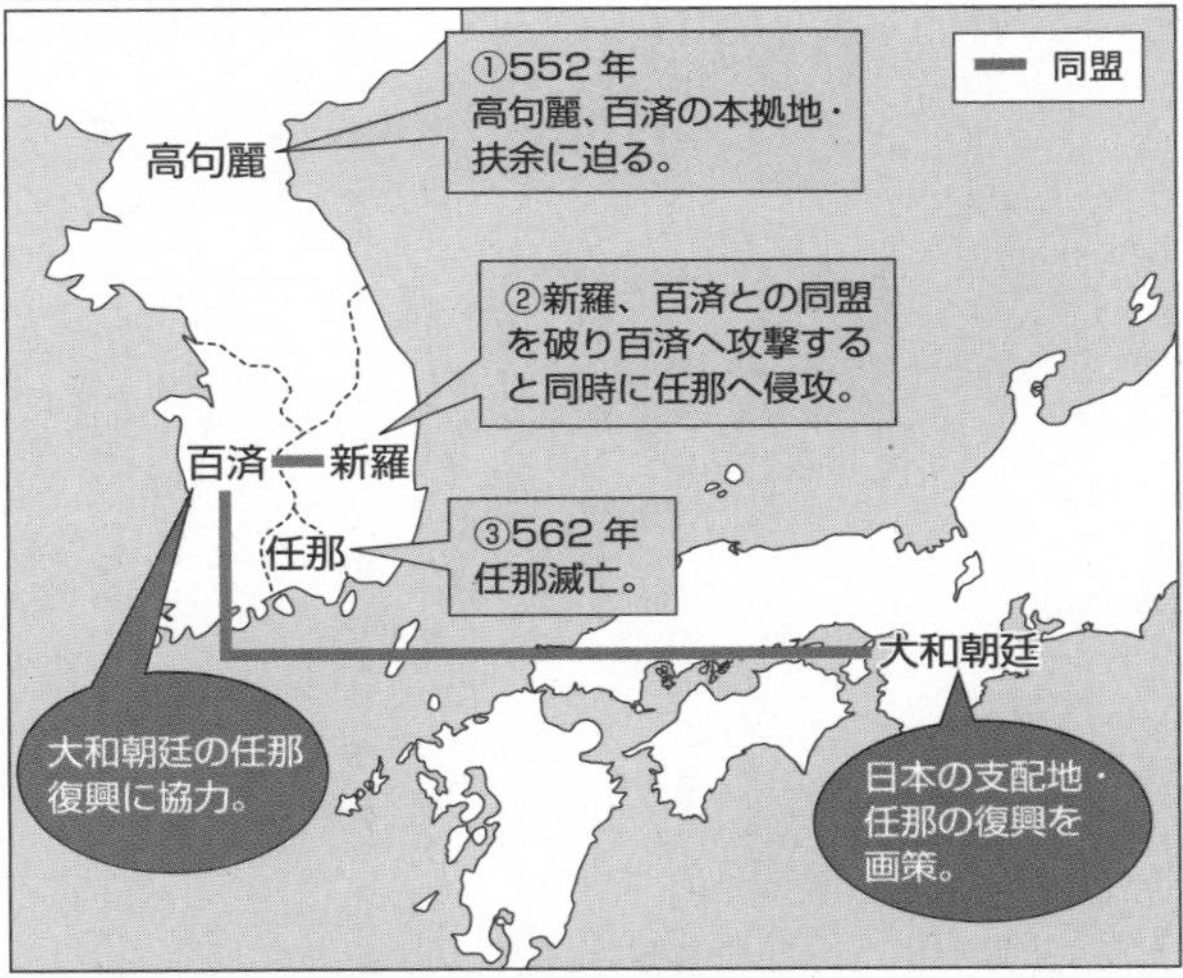

同盟
①552年
高句麗、百済の本拠地・扶余に迫る。
高句麗
②新羅、百済との同盟を破り百済へ攻撃すると同時に任那へ侵攻。
百済
新羅
任那
③562年
任那滅亡。
大和朝廷
大和朝廷の任那復興に協力。
日本の支配地・任那の復興を画策。

新羅・高句麗からの攻撃を受けた百済の衰退を受けて、562年任那（任那という表記は『日本書紀』による）が滅亡する。

この大伴氏にとって代わるように躍進したのが蘇我《そが》氏である。

宣化天皇の時代に、朝廷の勢力を二分していた物部《もののべ》氏と大伴氏との間に割り込む形で台頭してきた蘇我氏は、欽明天皇の時代には朝廷の祭祀《さいし》と軍事を司《つかさど》る物部氏と権力を二分するまでに発展していく。

蘇我氏の急成長を可能にした要因は二つある。一つは、蘇我稲目《いなめ》の娘の小姉君《おあねのきみ》と堅塩媛《きたしひめ》が欽明天皇の妃となったこと。もう一つは蘇我氏が渡来人《とらいじん》と密接な関係をもち、その先進的な文化や制度を積極的に取り入れて朝廷の財政や外交を掌握《しょうあく》したことである。近年では、蘇我氏は渡来人であるという説も出ている。

しかし、建国以来の実力者と伝わる物部氏が、新興豪族・蘇我氏の台頭を面白く思うはずがない。両者の政治的対立が露《あら》わになり始めた頃、この対立を深める出来事があった。それが仏教伝来である。

●仏教を巡る蘇我氏と物部氏との対立

百済から仏教が公伝した年については、『日本書紀《にほんしょき》』の欽明一三（五五二）年、『上宮聖徳法王帝説《じょうぐうしょうとくほうおうていせつ》』の宣化三（五三八）年という二つの説があるが、近年の研

大乗仏教の伝来経路

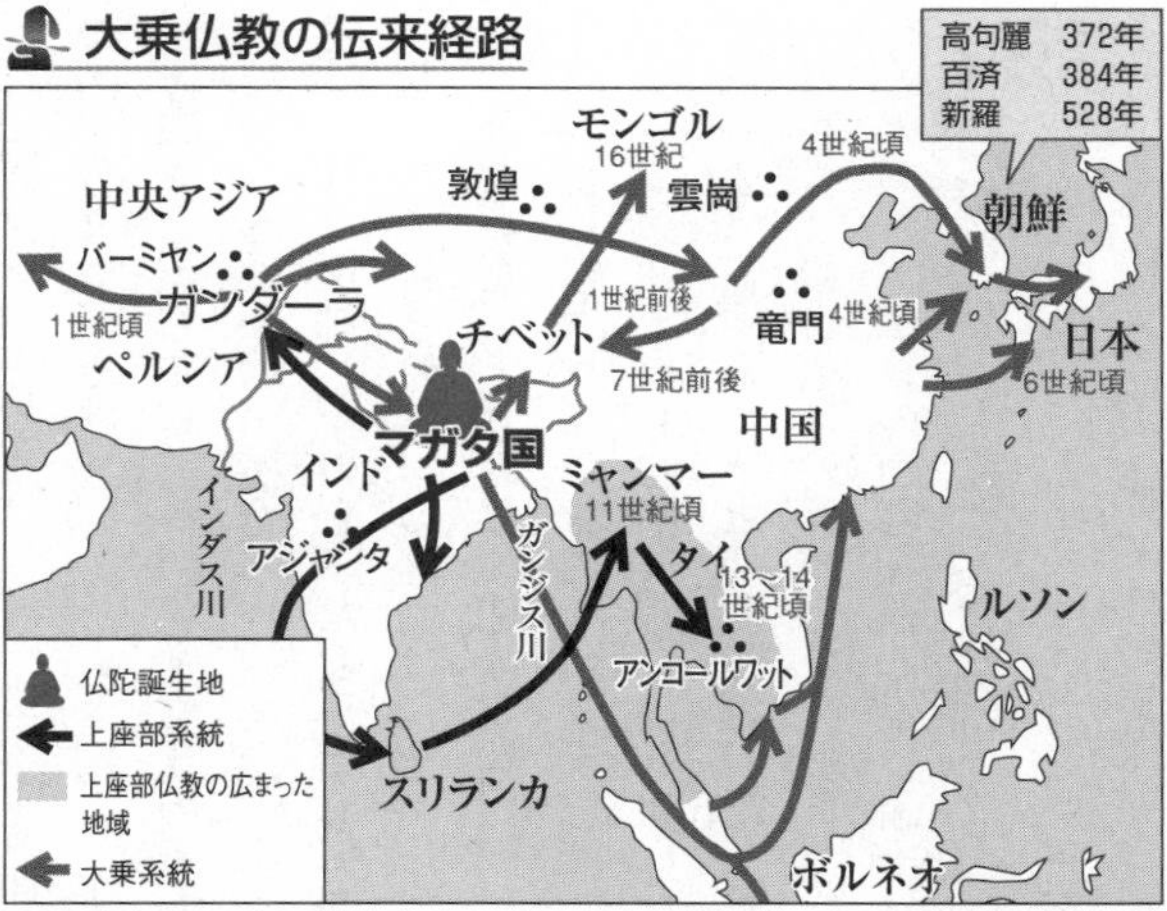

538年以前にも、渡来人らの手によって私伝という形で仏教が伝えられていたとされている。

究では後者が有力視されている。

当時、周辺諸国から脅《おびや》かされていた百済が日本に救援を要請し、その見返りとして日本に伝えられたのが仏教文化だった。

欽明天皇は聖明王《せいめいおう》からもたらされた金銅の仏像と経典を前に、この仏を信仰すべきかどうか群臣たちに相談した。これに対し大臣《おおおみ》の蘇我稲目は、「文化の進んだ西の国々で礼拝しているものですから、わが国だけそむくことはできますまい」と真っ先に賛成する。一方、日本古来の神々の祭祀を司っていた大連《おおむらじ》の物部尾輿《おこし》と中臣勝海《なかとみのかつみ》は、

「異国の神である仏を拝めば、古来より祀《まつ》っている神の怒りを買うでしょう」と真っ向から反対した。

渡来人と親しく、彼らの先進文化の重要性を熟知している蘇我氏が仏教の受け入れに賛成したのは当然だろう。また、古くから祭祀を司ってきた物部氏が、仏教の受け入れに反対したのももっともである。

しかし、対立の本当の理由は、その受容の是非が権力掌握と密接に絡《から》んでいたからに他ならない。当時、祭祀の掌握は朝廷内の権力掌握と直結していた。仏教の興隆は物部氏にとっては権力の後退を意味することだったのだ。

結局、欽明天皇も物部氏らの反対意見を無視できず、稲目には私的に仏教興隆にはげむよう命ずるにとどめた。稲目は天皇から授けられた仏像を豊浦《とゆら》（現・奈良県明日香村《あすかむら》）の自宅に祀り、これを信仰した。これがのちの豊浦寺の前身である。

こののち、仏教の受容を巡る崇仏《すうぶつ》論争は激しさを増していく。

疫病《えきびょう》が流行し、多数の死者が出ると、物部尾輿らはこれを崇仏に怒った神々の祟《たた》りだと訴えた。そして天皇の許しを得て仏像を海に投棄し仏殿を焼き討ちにする。

それでも、稲目の子・馬子《うまこ》は司馬達等《しばたっと》の娘を出家《しゅっけ》させ善信尼《ぜんしんに》とし、仏像を祀り、法《ほう》

7世紀頃の飛鳥勢力

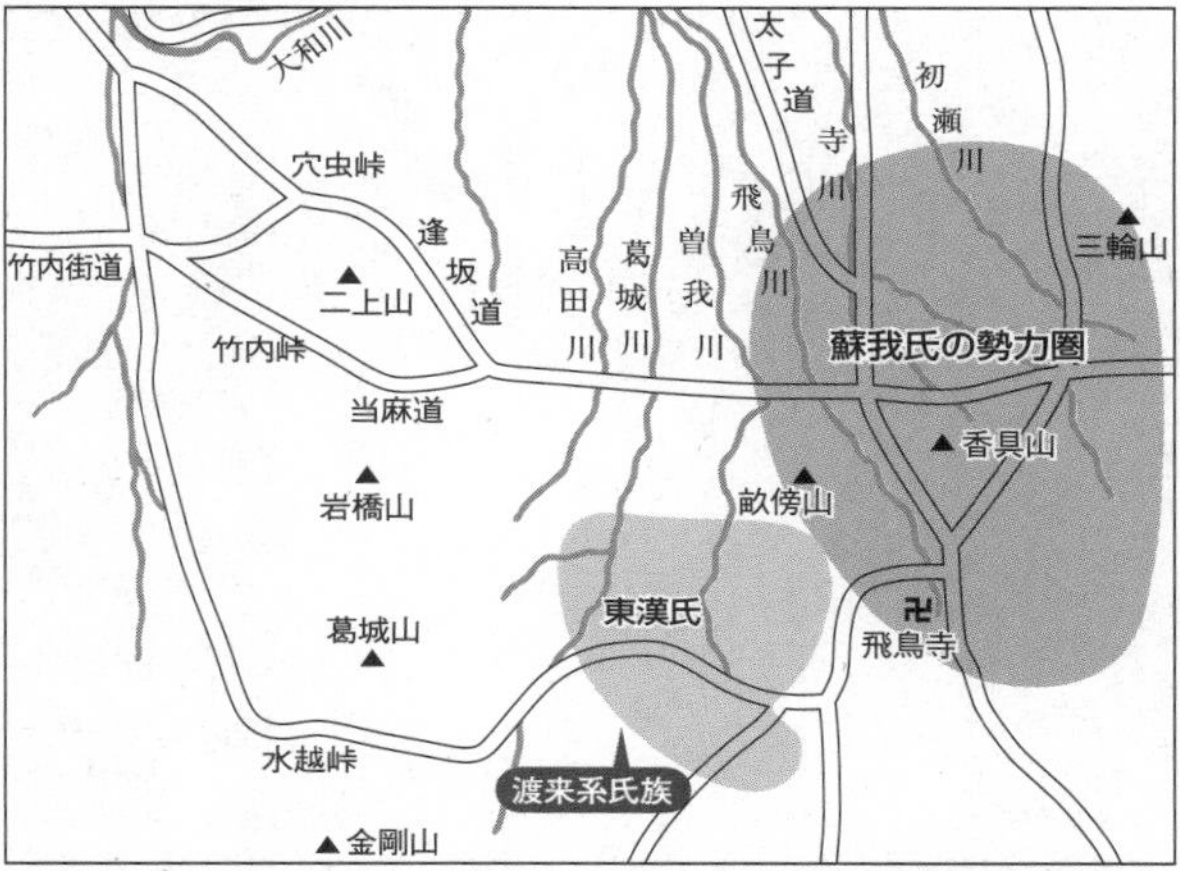

蘇我氏の拠点・飛鳥には、蘇我氏の分家の山田臣家・境部臣家のほか、蘇我氏が重用した渡来人系氏族・東漢氏が拠点を置き、蘇我本宗家の脇をかためた。

仏教を巡る蘇我氏と物部氏の対立

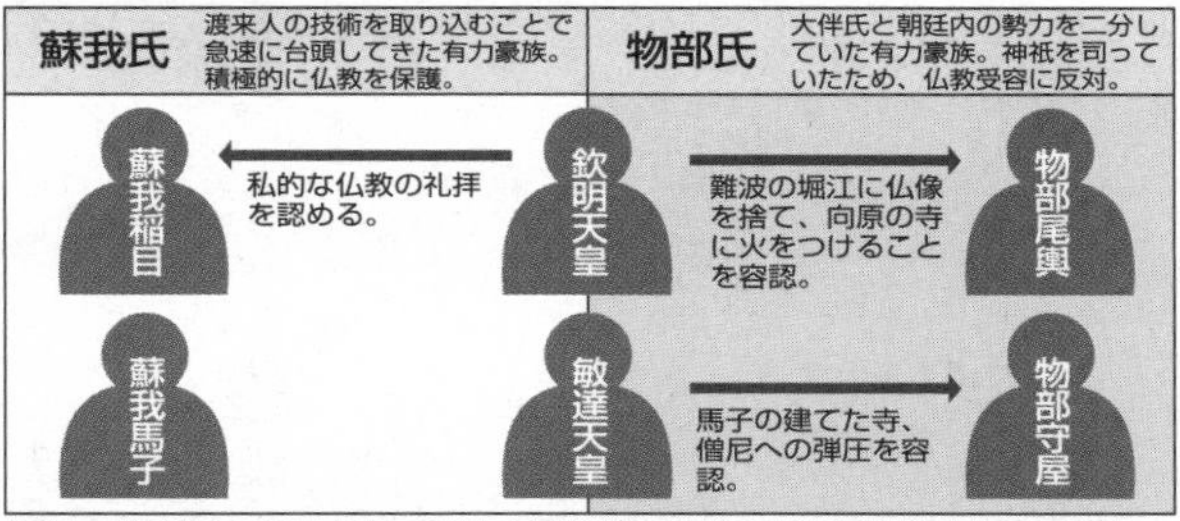

近年、物部氏の勢力圏からも飛鳥時代の寺院の遺跡が発見されており、定説とは異なって早い段階で物部氏も仏教に帰依していた可能性が指摘されている。

梅山古墳（奈良県高市郡明日香村）

宮内庁により欽明天皇陵と治定されているが、北西約800メートルにある丸山古墳を欽明天皇陵とする学説もある。

会《え》を行なうなど、仏教の興隆につとめた。ところがまたしても疫病が流行《はや》り、多数の死者が出てしまう。物部守屋《もりや》と中臣勝海は、再びこれは仏教のせいだと欽明天皇の跡を受けて即位した敏達《びだつ》天皇に訴えて善信尼らに弾圧を加え、伽藍《がらん》を焼き討ちしたのだった。

このように、仏教伝来は豪族間に激しい対立をもたらし、この対立が大和朝廷の命運を大きく変えてゆくことになる。

後世、日本仏教の祖と讃えられる聖徳太子は、このような時代の転換期に誕生する。

第一章
聖徳太子の登場

聖徳太子誕生

謎に包まれた生誕秘話

蘇我氏の血を受け継ぐ皇子

蘇我氏と物部氏の対立が鮮明になりつつあった敏達三（五七四）年、聖徳太子が誕生する。父の橘豊日皇子《たちばなのとよひのみこ》（のちの用明《ようめい》天皇）、母の穴穂部間人皇女《あなほべのはしひとのひめみこ》はともに欽明天皇を父とする異母兄妹。しかも豊日皇子の母・堅塩媛と穴穂部間人皇女の母・小姉君はともに蘇我稲目の娘、すなわち姉妹という関係にあった。聖徳太子は父方、母方の両方から蘇我氏の血を受け継ぐという、まさに蘇我一族待望の皇子として生を受けたのである。

そんな聖徳太子の生誕については、実に多くの謎がつきまとう。

まず、その生年についてもはっきりしない。現在では『上宮聖徳法王帝説』に記された五七四年が定説となっているものの、『日本書紀』には聖徳太子の生年についての記載がなく、資料によってはいくつかの説がある。

「ウマヤ」にまつわる聖徳太子の実名

また、聖徳太子の出生には次のような不思議な話が伝えられている。『日本書紀』によると、穴穂部間人皇女は宮中を見回っているとき、厩《うまや》の戸にあたって急に産気《さんけ》づき彼を産み落としたという。『上宮聖徳法王帝説』では母が厩の戸を出るときに生まれたので厩戸と名づけたと記している。

これは馬小屋の中で生まれたというイエス・キリストの生誕伝説を思わせる話である。それゆえ明治・大正期の歴史学者である久米邦武氏は、聖徳太子の生誕説話はキリスト教の影響を受けて創作されたのではないかと考えていた。

たしかに『日本書紀』が編纂《へんさん》された八世紀前半には唐《とう》にキリスト教の一派・景《けい》教《きょう》（ネストリウス派）が伝えられており、留学僧《るがくそう》がそれを日本に持ち帰り、太子説話と結びつけた可能性は充分ありえる。

ではなぜ、聖徳太子の誕生が、キリスト教の影響を受けたのか。

『聖徳太子はなぜ天皇になれなかったのか』（角川書店）の著者・遠山美都男氏によれば、『日本書紀』の編者たちは、聖徳太子の実名・厩戸皇子の命名の由来が分からず、苦肉の策として、このような解釈を加えて説明しようとしたのではないか

蘇我氏の血を引く聖徳太子

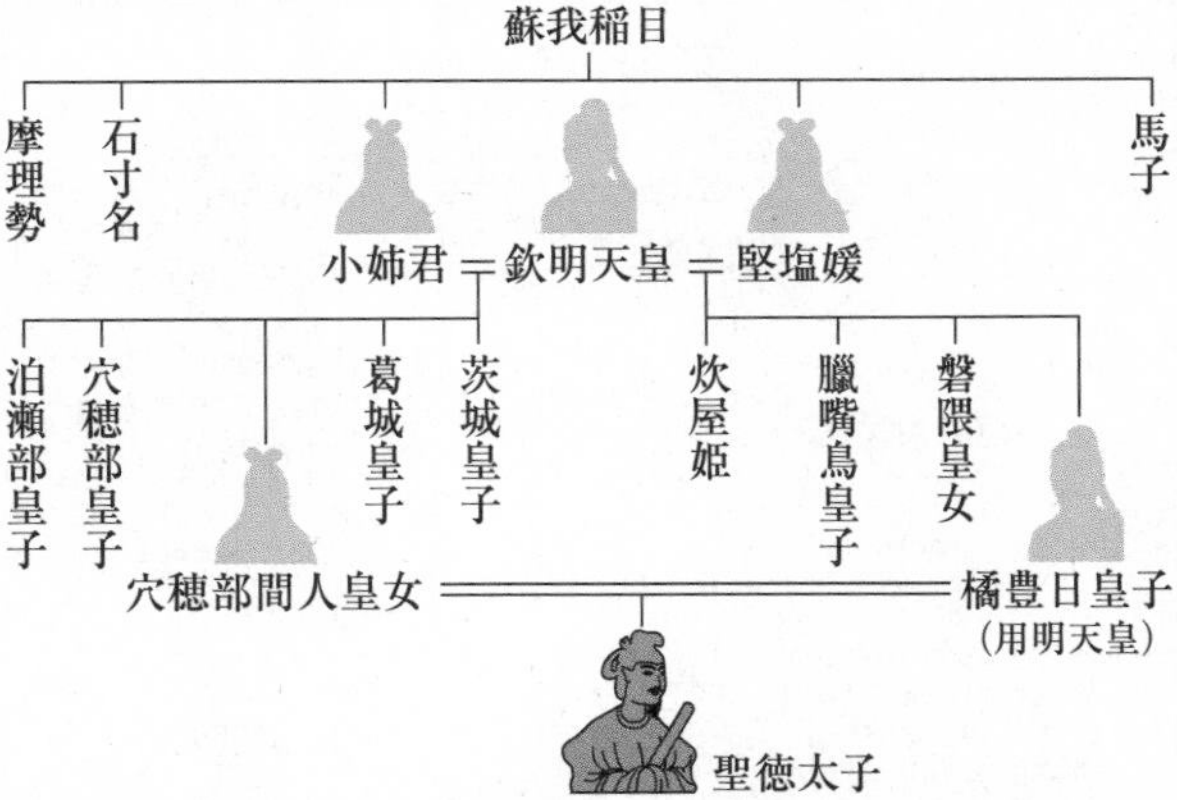

堅塩媛系の父と小姉君系の母の間に生まれた聖徳太子は、蘇我氏の血を色濃く受け継いだ皇子と言える。

と推測している。

『日本書紀』の編者も悩んだという説がでるほど聖徳太子の実名は謎に包まれている。

現在もっとも一般的な聖徳太子という呼び名は、太子の没後につけられたものであり、『日本書紀』では厩戸皇子、豊聡耳聖徳などとされている。後者は聡《さと》い耳、つまり聡明さを表わしたものであるが、前者については命名理由が判然としない。

このように、稀代の聖人の誕生は謎のベールによって幾重にも覆《おお》われているのだ。

聖徳太子の生誕地候補

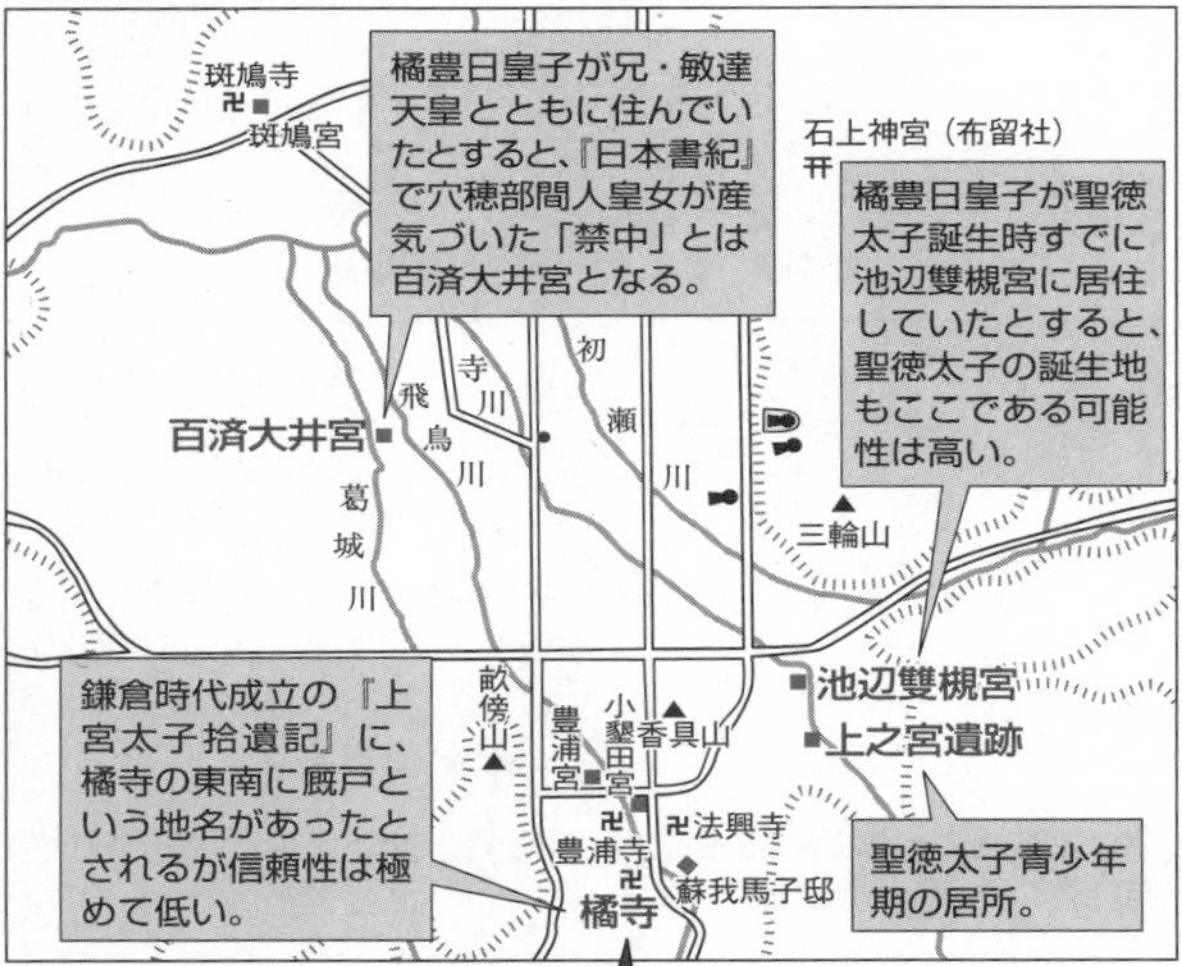
橘豊日皇子が兄・敏達天皇とともに住んでいたとすると、『日本書紀』で穴穂部間人皇女が産気づいた「禁中」とは百済大井宮となる。
橘豊日皇子が聖徳太子誕生時すでに池辺雙槻宮に居住していたとすると、聖徳太子の誕生地もここである可能性は高い。
鎌倉時代成立の『上宮太子拾遺記』に、橘寺の東南に厩戸という地名があったとされるが信頼性は極めて低い。
聖徳太子青少年期の居所。
斑鳩寺
斑鳩宮
石上神宮（布留社）
寺川
初瀬川
飛鳥川
百済大井宮
葛城川
三輪山
畝傍山
豊浦宮
小墾田宮
香具山
池辺雙槻宮
上之宮遺跡
法興寺
豊浦寺
蘇我馬子邸
橘寺

聖徳太子の創建と伝わる橘寺。聖徳太子は橘寺創建以前同地にあった欽明天皇の別宮・橘の宮で幼年時代を過ごしたと伝わるが史実性は低い。

第一章
聖徳太子の登場

超人伝説

常人離れした逸話の数々

数々の超人伝説

聖徳太子の少年時代もまた、数々の超人的伝説に彩られている。それらの多くは『日本書紀』や『聖徳太子伝補闕記《でんほけつき》』などをもとに、聖徳太子の事跡をまとめた『聖徳太子伝暦《でんりゃく》』に記されており、その一部を挙げると実に神秘的な少年・聖徳太子像が浮かび上がってくる。

生まれた時からその体にえもいわれぬ香気を漂わせていたという聖徳太子は、母の胎内ですでに言葉を発し、生後四ヶ月には話をすることができ、二歳になった年の釈迦《しゃか》入滅《にゅうめつ》の日には、誰に教わったわけでもないのに東に向かって掌《てのひら》を合わせて「南無仏《なむぶつ》」と唱《とな》えたという。

ここから想起されるのは仏教の開祖・釈迦が生まれてすぐ「天上天下《てんじょうてんげ》唯《ゆい》我《が》独尊《どくそん》」と唱えたという伝説。後世、聖徳太子への崇敬《すうけい》の念が広まるにつれて、聖徳太子の人物像は釈迦になぞらえられていったようだ。

あるとき幼い皇子たちが騒いでいたので、父の橘豊日皇子がムチを持って駆け出してきた。すると、みなが逃げ隠れるなか聖徳太子だけが逃げも隠れもしなかった。父になぜ逃げないのかと聞かれた聖徳太子は、「いくら高い階段があっても、深い穴を地面に掘っても、逃げることはできません。私は自ら進んで鞭《むち》を受けます」と答えている。わずか四歳の息子の言葉に両親はいたく感心したという。

さらに五歳の時には、叔母の炊屋姫《かしきやひめ》が将来、天皇になることを予見して人々を驚かせ、十一歳で三十六人の子どもが語る言葉を一言一句《いちごんいっくも》漏らさず記憶したという逸話も残る。

十二歳のときには、敏達天皇が任那の復興策を相談するために呼び寄せた日系百済僧・日羅《にちら》に会いに出かけている。その日羅をして「あの子は救世観音《ぐぜかんのん》だ」と言わしめた聖徳太子は日羅に会うと死期が迫っていることを予言し、その年、日羅は百済人に殺害された。

蘇我馬子が邸宅に仏像を祀り、三人の尼に祈らせたのは聖徳太子が十三歳のときである。聖徳太子も馬子宅に出向いて礼拝したが、仏塔に仏舎利《ぶっしゃり》（釈迦の骨）がな

『聖徳太子伝暦』に記された太子の子供時代

年	年齢	事　象
573年	2歳	自ら東に向かって「南無仏」と唱え合掌する。
574年	3歳	桃の花より松葉が好きだと答え父を感嘆させる。
575年	4歳	進んで鞭を受けようとする。
576年	5歳	推古天皇の即位を予見する。
577年	6歳	敏達天皇に百済の経論の閲覧を願い出る。
583年	12歳	百済の高官・日羅が聖徳太子を「救世観音」と称える。
586年	15歳	父・用明天皇の短命を予言。

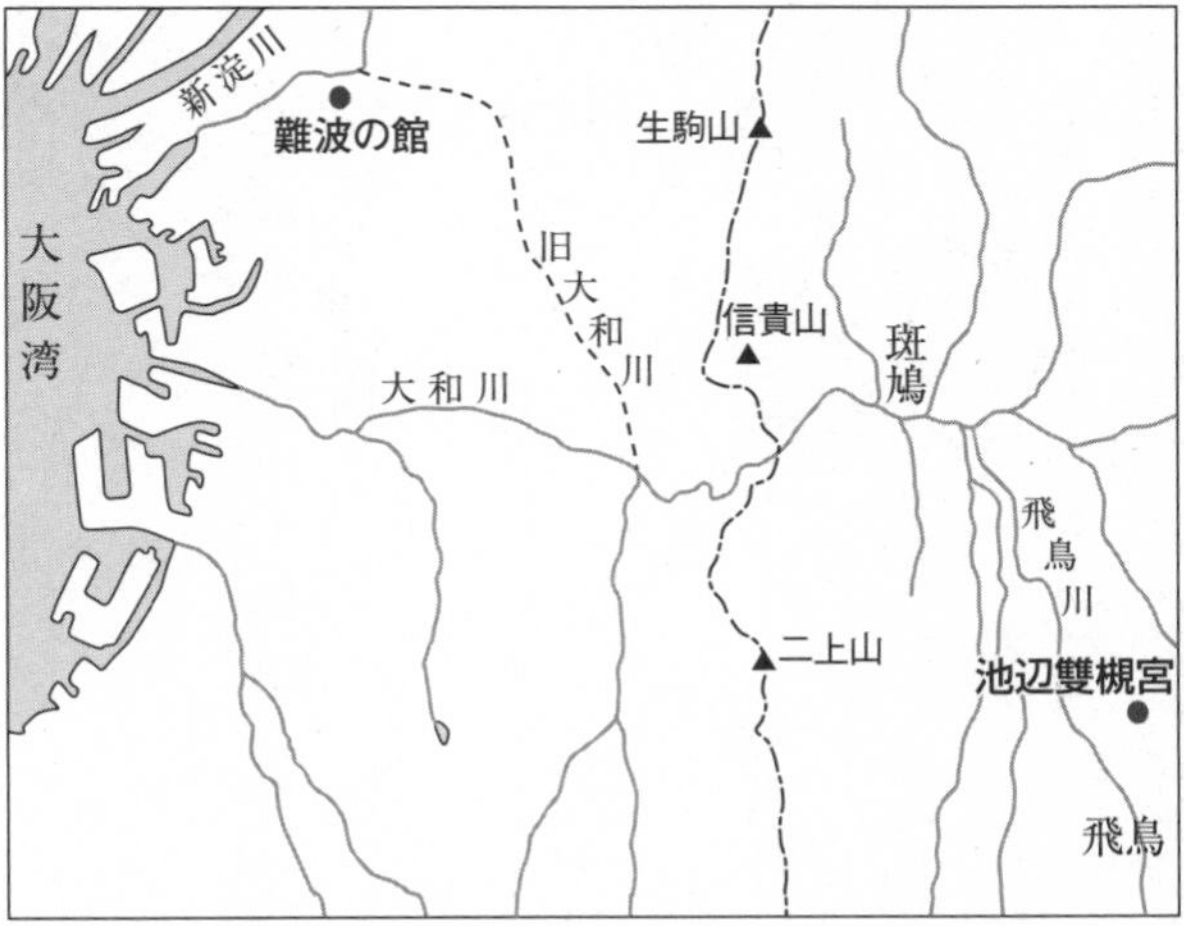

いことを指摘し仏舎利が顕現《けんげん》するという奇跡を起こしている。

生まれ変わっていた聖徳太子

仏教的な奇跡に加え、聖徳太子を賢人の生まれ変わりとする説も少なくない。代表的な例として、『今昔物語集《こんじゃくものがたりしゅう》』では聖徳太子を中国五霊山《ごれいざん》・南岳《なんがく》の慧思禅師《えしぜんじ》の再来と記している。

これは聖徳太子六歳のとき、敏達天皇に百済からきた僧の持つ経論《きょうろん》を見たいと請《こ》うたという話をもとにしている。

このとき天皇に理由を聞かれた聖徳太子は「私が漢土《もろこし》（現・中国）にいたときに、南岳で修行に励みました。今この国に生まれ変わりましたので、久しぶりに見たいと思いました」と自らその前世を明らかにしている。

まさに超人ともいえる聖徳太子の逸話の数々は、現在は創作として扱われる傾向にある。

聖徳王と称えられた聖徳太子を信仰の対象として昇華《しょうか》させるために作られていったのだろう。

第一章
聖徳太子の登場

衣摺の戦い

蘇我氏を勝利に導いた十四歳の皇子

皇位を巡る三つ巴の争い

大和政権内では六世紀の欽明朝以来、大臣・蘇我氏と大連・物部氏の対立が続いていた。対立の原因は、一般には仏教受容問題にあるとされてきたが、近年の調査では物部氏の本拠地からも飛鳥《あすか》時代の寺院の遺構《いこう》が発見されていることから、物部氏も早い段階で仏教の受け入れを認めていたとも見られ、両氏の争いは、朝廷内の実権を巡る権力闘争というのが実相に近いと言える。

そんななか敏達天皇の次に即位した用明天皇がわずか二年で病に伏してしまう。そのため蘇我、物部を含めた派閥対立に皇位継承《こういけいしょう》問題が絡み、事態は複雑化する。

対立した派閥は三つ。まず、一つ目は敏達天皇の大后《たいこう》として政治を補佐してきた炊屋姫と蘇我馬子らの蘇我系グループ。二つ目は用明天皇の異母弟・穴穂部皇子《あなほべのみこ》の擁立を目指す物部守屋・中臣勝海らのグループ。最後は敏達天皇の子で次期天皇を示す「大兄《おおえ》」を名前に持つ押坂彦人大兄皇子《おしさかのひこひとのおおえのおうじ》らを推すグループである。

武力衝突のきっかけは不意に訪れた。中臣勝海が聖徳太子の従者・迹見赤檮《とみのいちい》に殺されると、不穏な動きを察した守屋は飛鳥を退いて河内《かわち》の本拠地へ移り兵を集めて屋敷の防備を固め始めたのである。

衣摺の戦いにおける聖徳太子の活躍

用明二（五八七）年、事態が風雲急《ふううんきゅう》を告げるなか用明天皇が崩御《ほうぎょ》してしまう。用明天皇の死を受けて、馬子はついに軍事行動を起こす。炊屋姫の詔《みことのり》を得て問題行動の多い穴穂部皇子を殺害し、諸皇子や群臣らに守屋打倒計画を持ちかけたのだ。馬子の呼びかけに有力豪族の大半が集まり、蘇我軍は二軍編成で河内国渋川《しぶかわ》の守屋宅を取り囲んだ。

第一軍は泊瀬部皇子《はつせべのみこ》（のちの崇峻《すしゅん》天皇）・竹田皇子《たけだのみこ》・難波皇子《なにわのみこ》・春日皇子《かすがのみこ》・聖徳太子・蘇我馬子・紀男麻呂《きのおまろ》・巨勢比良夫《こせのひらふ》・膳傾子《かしわでのかたぶこ》・葛城烏那羅《かづらきのおなら》。第二軍は大伴《おおとも》氏・阿倍《あべ》氏・平群《へぐり》氏らの有力豪族から成る。戦いは、数は少ないが軍事に長《た》けた物部氏が阿都《あと》に本陣を置き蘇我軍を何度も押し返して善戦した。

衣摺の戦い

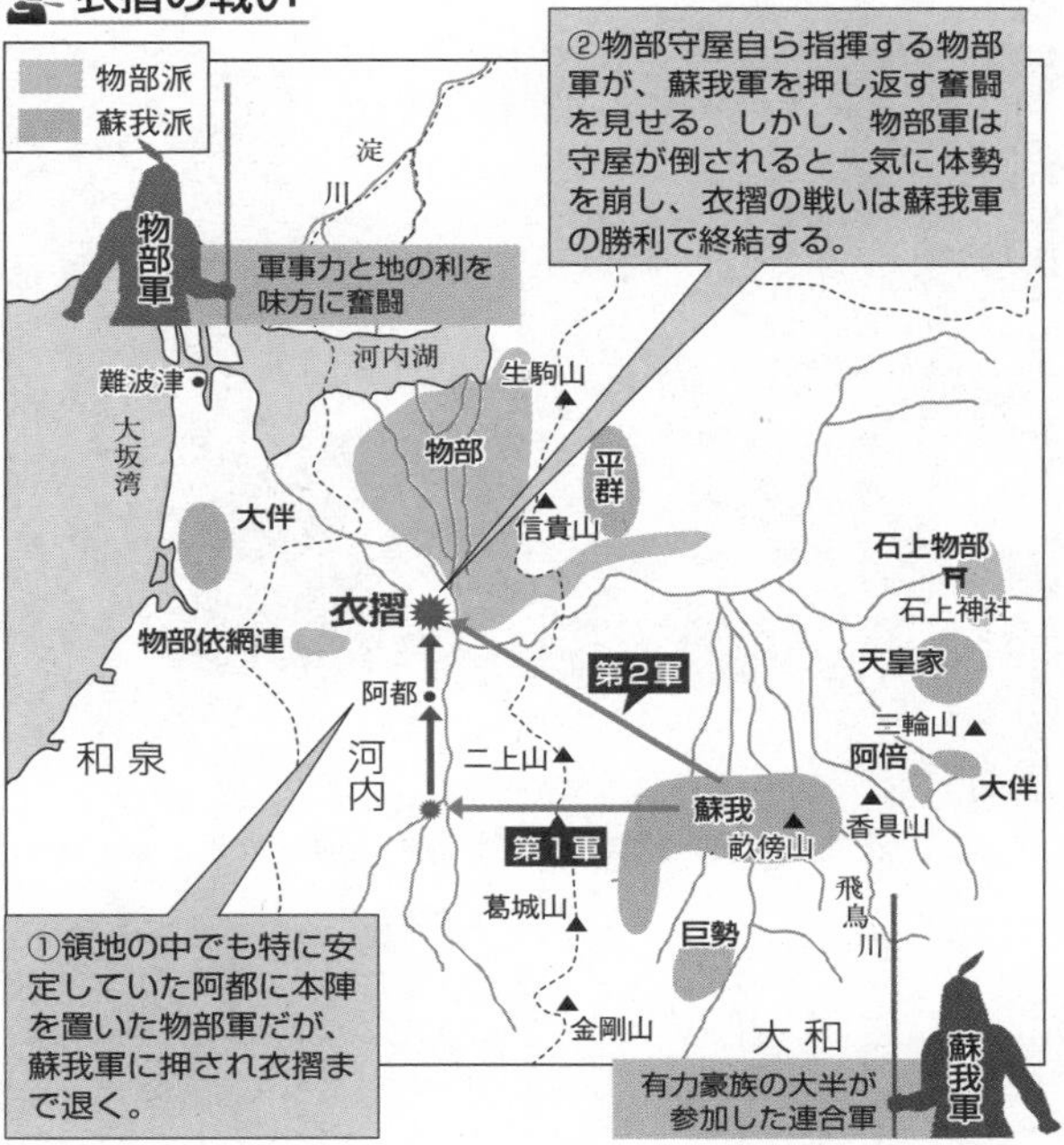
物部派
蘇我派
②物部守屋自ら指揮する物部軍が、蘇我軍を押し返す奮闘を見せる。しかし、物部軍は守屋が倒されると一気に体勢を崩し、衣摺の戦いは蘇我軍の勝利で終結する。
物部軍
軍事力と地の利を味方に奮闘
淀川
河内湖
難波津
大坂湾
生駒山
物部
平群
信貴山
大伴
衣摺
物部依網連
石上物部
石上神社
天皇家
第2軍
阿都
和泉
河内
二上山
三輪山
阿倍
大伴
蘇我
畝傍山
香具山
第1軍
葛城山
飛鳥川
巨勢
金剛山
大和
①領地の中でも特に安定していた阿都に本陣を置いた物部軍だが、蘇我軍に押され衣摺まで退く。
有力豪族の大半が参加した連合軍
蘇我軍

蘇我第1軍		蘇我第2軍
泊瀬部皇子	蘇我馬子	大伴嚙
竹田皇子	紀男麻呂	阿倍人
厩戸皇子(聖徳太子)	巨勢比良夫	平群神手
難波皇子	膳傾子	坂本糠手
春日皇子	葛城烏那羅	春日臣

数で圧倒的優位に立つ蘇我軍は二手に分かれて進軍し、軍事に秀でた物部軍をじりじりと追い詰めていった。

聖徳太子古戦場の地

大阪府八尾市の大聖勝軍寺は聖徳太子が物部軍と戦った地と伝わる。

戦いの最後の舞台となったのが衣摺《きぬずり》である。この時十四歳の聖徳太子が戦況を一変させる活躍をしている。味方の劣勢を見た聖徳太子は、邪気をはらうという白膠木《ぬるで》を切って、仏法の守護神である四《し》天王《てんのう》像を彫り、「勝った暁《あかつき》には寺を建てます」と誓約を立てる。すると迹見赤檮が放った矢が木の上にいた守屋に見事命中し、物部軍を壊滅へと追い込んだのである。

仏教受容に端を発する蘇我氏と物部氏との権力闘争はこうして幕を閉じ、以降、蘇我氏が政治の中枢を占めることとなった。

第一章
聖徳太子の登場

崇峻天皇暗殺

事件で一変した聖徳太子の立場

蘇我氏に暗殺された天皇

聖徳太子が十四歳の時、父の用明天皇が即位後わずか二年で病没してしまう。その後、衣摺の戦いを経て、蘇我馬子と炊屋姫が擁立したのは、用明天皇の異母弟にあたる泊瀬部皇子こと崇峻天皇だった。崇峻天皇は、任那復興の遠征軍派遣など、諸政策を積極的に打ち出していく。

『聖徳太子伝暦』によると、天皇は聖徳太子を信頼していたとされる。聖徳太子も諸国の巡察を進言したり、軽々しく臣下（蘇我氏）らを誹謗《ひぼう》しないようにと戒《いまし》めるなど、交流を深めていたという。

ところが聖徳太子と親しいこの天皇の治世はわずか五年で終わってしまう。蘇我馬子に暗殺されてしまうのだ。

『日本書紀』では、天皇が猪《いのしし》を見ながら「この猪の頭を切るように、あの男（馬子）

を殺せないだろうか」と不満をもらした。

これに加えて、天皇が軍備を増強し始めたというのを伝え聞いた馬子が先手を打ち、東漢直駒《やまとのあやのあたいこま》に天皇を暗殺させたという。即位当初から両者の間にはすき間風が吹いていたのだろう。また、和田萃氏は『飛鳥』(岩波書店)の中で、崇峻天皇が大伴氏の娘の小手子《おてこ》との間に皇子をもうけていたことから馬子が大伴氏の復権を危惧《きぐ》したためとも、朝鮮遠征を巡って馬子と天皇との間で意見の対立があったためとも述べている。

実際は、崇峻天皇が馬子の意のままに操られることを嫌い、それを危険視した馬子が先手を打ったというところだろう。

●推古天皇、聖徳太子らによる陰謀か

ただし、蘇我馬子が単独の首謀者かというと異説も多い。ざっと挙げてみても東漢直駒による教唆《きょうさ》説、炊屋姫との共謀説、聖徳太子との共謀説まで様々な説が出されている。

この暗殺事件について『日本書紀』では事件の発端を小手子の讒言《ざんげん》としている。

倉梯宮と諸宮

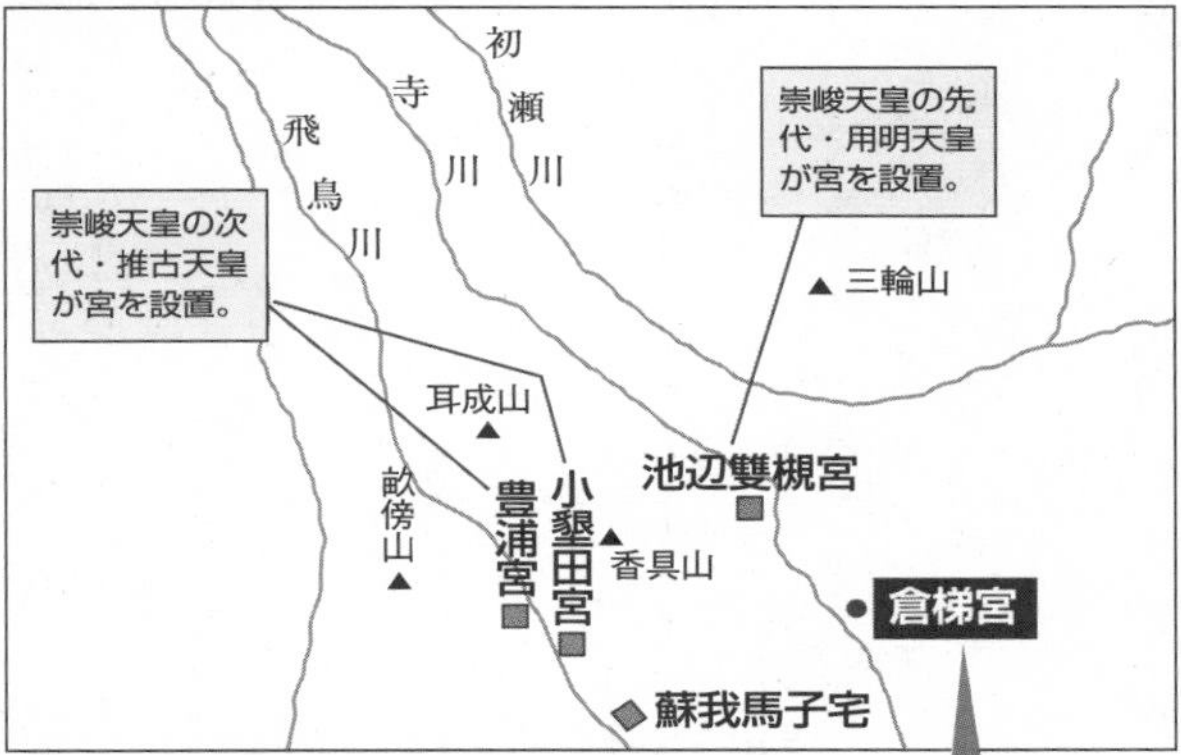

初瀬川
寺川
飛鳥川
崇峻天皇の先代・用明天皇が宮を設置。
崇峻天皇の次代・推古天皇が宮を設置。
三輪山
耳成山
畝傍山
豊浦宮
小墾田宮
香具山
池辺雙槻宮
倉梯宮
蘇我馬子宅

崇峻天皇が宮を置いた倉梯宮は、馬子が邸宅を構える飛鳥からは離れた地に築かれている。

崇峻天皇陵

崇峻天皇陵がある奈良県桜井市倉橋には、崇峻天皇の倉梯宮があったと推定される。崇峻天皇は、通常さまざまな行程を経て行なわれる天皇の埋葬とは異なり、即日埋葬されたと伝わる。

彼女は天皇の寵《ちょう》を馬子の娘、河上郎女《かわかみのいらつめ》に奪われたことを妬《ねた》み、天皇が馬子殺害を企《たくら》んでいると馬子に讒言したという。

これを聞き入れ、東漢直駒を使って天皇暗殺を成し遂げた馬子だが、事件に乗じて東漢直駒が河上郎女を妻としていたことが露見すると、今度はこれに怒った馬子が駒を殺してしまった。

一方、炊屋姫の存在も無視できない。実力者の馬子とはいえ、炊屋姫が推挙した天皇を勝手に暗殺できるはずはない。

また、炊屋姫は暗殺の首謀者・馬子を罰することなく、事件を隠蔽《いんぺい》するかのように、その日のうちに天皇を埋葬させている。

天皇の埋葬は、長い殯儀《もがりのぎ》を行なうのが通例であり、これは特異な例であると言えよう。そのため、炊屋姫こそ崇峻暗殺の首謀者であると指摘する人も多い。

江戸時代の儒学者・荻生徂徠《おぎゅうそらい》などは、聖徳太子が皇位を狙って崇峻天皇を殺害させたと糾弾《きゅうだん》している。

この説は、さすがに信憑性《しんぴょうせい》が薄いものの、結果的に崇峻天皇の死によって政治的に重要なポストにつくことになる。

『聖徳太子絵伝』―東漢直駒を処刑する蘇我馬子―

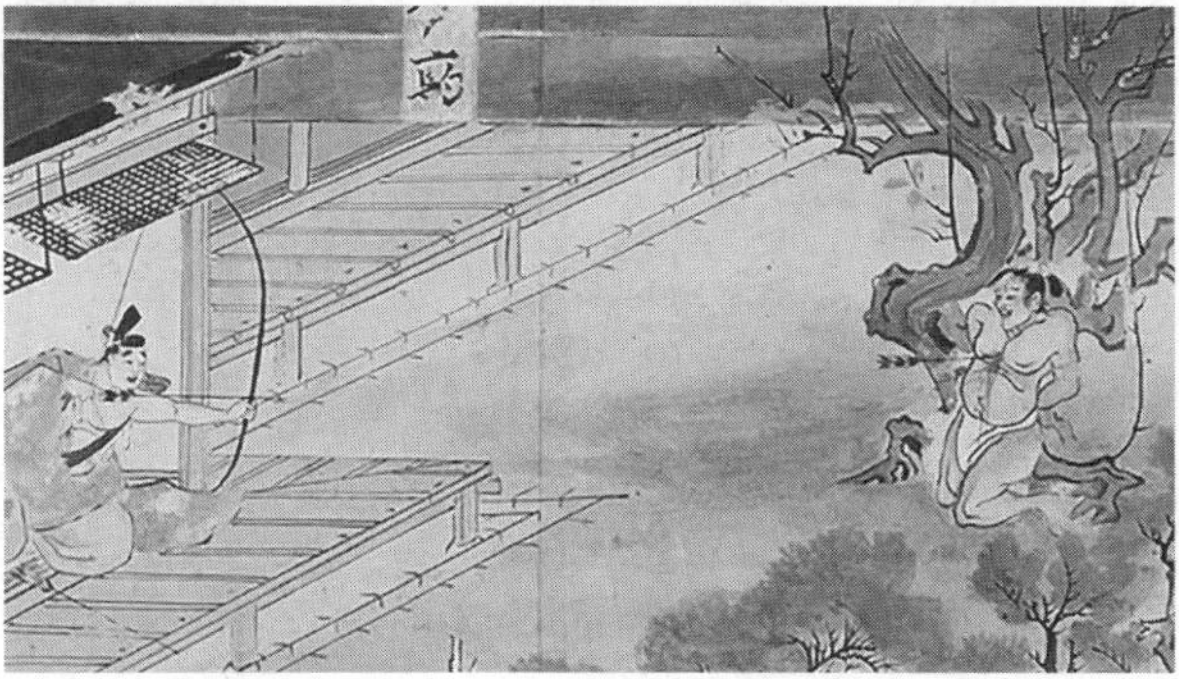

木に吊るされた東漢直駒に向けて、蘇我馬子が弓矢を放っている。
（山内勝春、古藤養真／東京国立博物館所蔵）

崇峻天皇を取り巻く状況

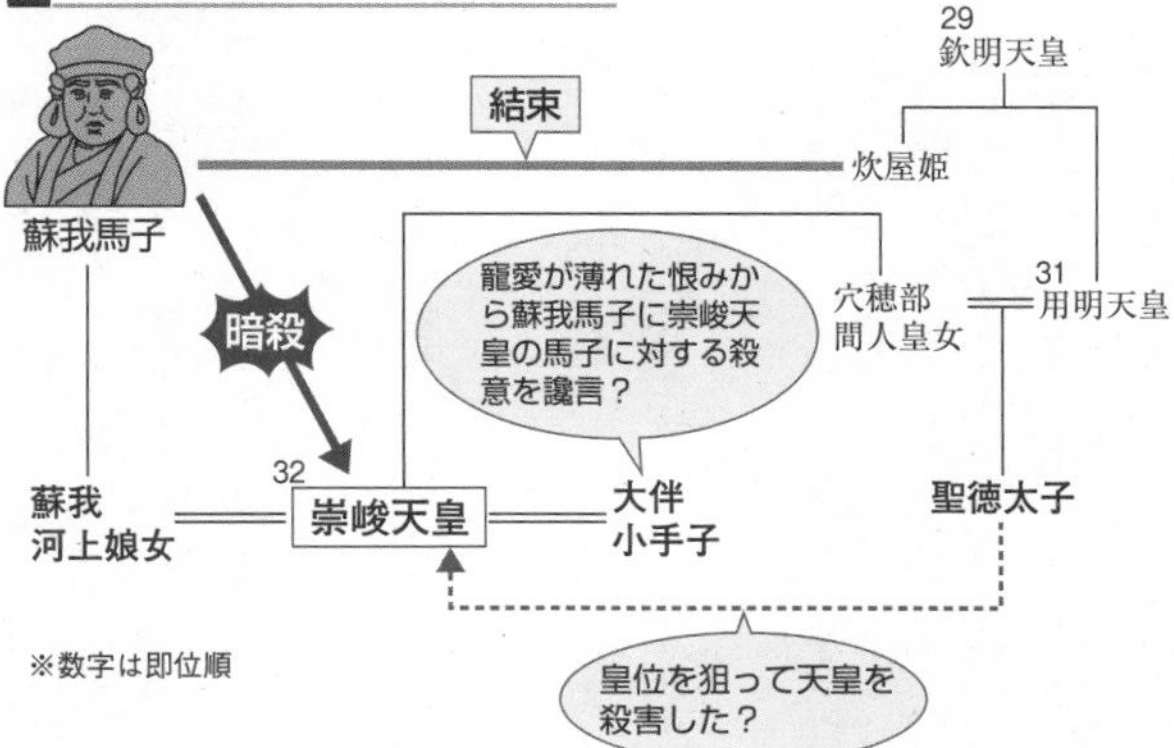

『日本書紀』によると大伴小手子の讒言を聞いた馬子は、東漢直駒に崇峻天皇を殺させたという。

推古天皇の即位

なぜ聖徳太子は天皇になれなかったのか

●若すぎた聖徳太子

崇峻天皇暗殺という異常事態ののちに即位したのは敏達天皇の大后・炊屋姫、すなわち推古天皇である。

『日本書紀』では、推古元（五九三）年、推古天皇の即位後ほどなく聖徳太子が皇太子、続いて摂政《せっしょう》になったと記す。つまり聖徳太子は、次の天皇の座を約束されたも同然の身であった。

とはいえ、この時、女帝誕生という異例の事態の前に、なぜ聖徳太子が天皇にならなかったのだろうか。

近年有力視されているのは聖徳太子が若すぎたためとする説である。この説によると、女帝誕生は蘇我馬子らの苦肉《くにく》の策であったという。このとき、皇族のなかで年齢、血統ともに申し分がなかったのは敏達天皇の皇子・押坂彦人大兄皇子《おしさかのひこひとおおえのみこ》（す

『聖徳太子絵伝』―推古天皇の即位―

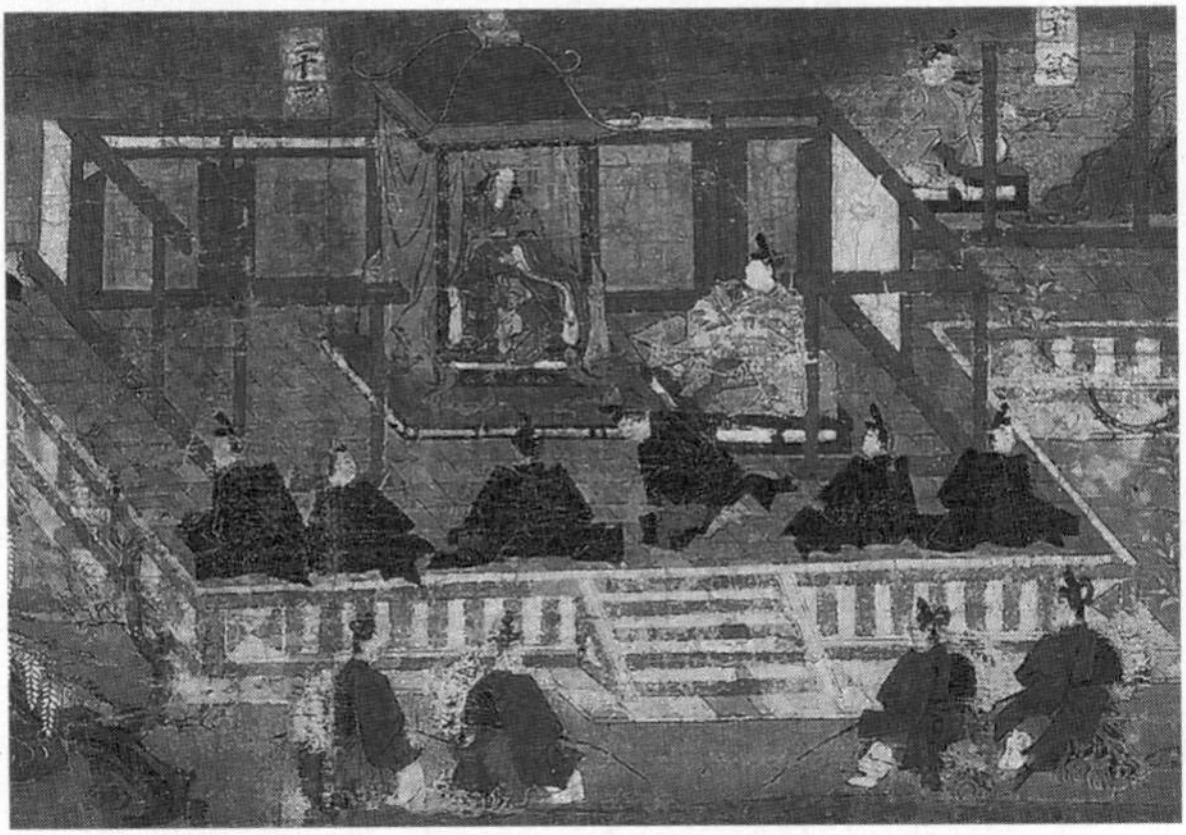

摂政である聖徳太子はすぐ脇の台に控えている。
（上野法橋、但馬房／東京国立博物館所蔵）

でに薨《こう》じていたという説もある）。

馬子としては蘇我系ではないこの皇子を即位させるわけにはいかない。しかしながら、蘇我系の聖徳太子や炊屋姫の子・竹田皇子らはまだ一〇代。三〇代で即位という当時の慣例から考えて、一〇代という年齢ではあまりにも若すぎた。

こうした後継者問題の妥協策として、女性ながら大和政権で一定の発言力を有していた敏達天皇の大后・炊屋姫に白羽《しらは》の矢がたったというわけである。

ただしこのとき、推古天皇の胸中にあったのは竹田皇子への生前《せいぜん》譲位《じょうい》であり、自身は竹田皇子がしかるべき年齢になるまでの中継ぎと考えていたのではないだろうか。一方、馬子は聖徳太子について、蘇我系ながらも母・穴穂部間人皇女が崇峻天皇の実妹であったため、慎重に対応していたともいわれている。

これらのことを考え合わせると、推古天皇の即位後ほどなく皇太子の座につくのは、竹田皇子が妥当のはずだ。だが、実際に、皇太子とされたのは聖徳太子である。

近年の研究では聖徳太子が皇太子的な地位についたのは推古天皇が即位後、一〇年以上経てからのことといわれている。一〇年の間に竹田皇子もその弟の尾張皇子《おわりのみこ》も早世《そうせい》したため、推古天皇はやむなく甥で娘婿《むすめむこ》でもある聖徳太子を皇太子にたてたというのだ。

●本格政権へと変貌した推古朝

では推古天皇はなぜ、その後も天皇の地位にとどまり聖徳太子に譲位しなかったのだろう。当時は生前譲位という慣行がなかったという説もあるが、水谷千秋氏は『謎の豪族　蘇我氏』（文藝春秋）で推古天皇の意志によるものと述べている。当初、中継ぎの予定で即位した推古天皇だったが、政権も安定し、女帝でも何も問題がな

豊浦宮比定地

奈良県明日香村豊浦の豊浦寺遺構から発見された豊浦宮の一部分。
（奈良文化財研究所提供）

豊浦宮遺構の一部と推定される掘立柱の建物

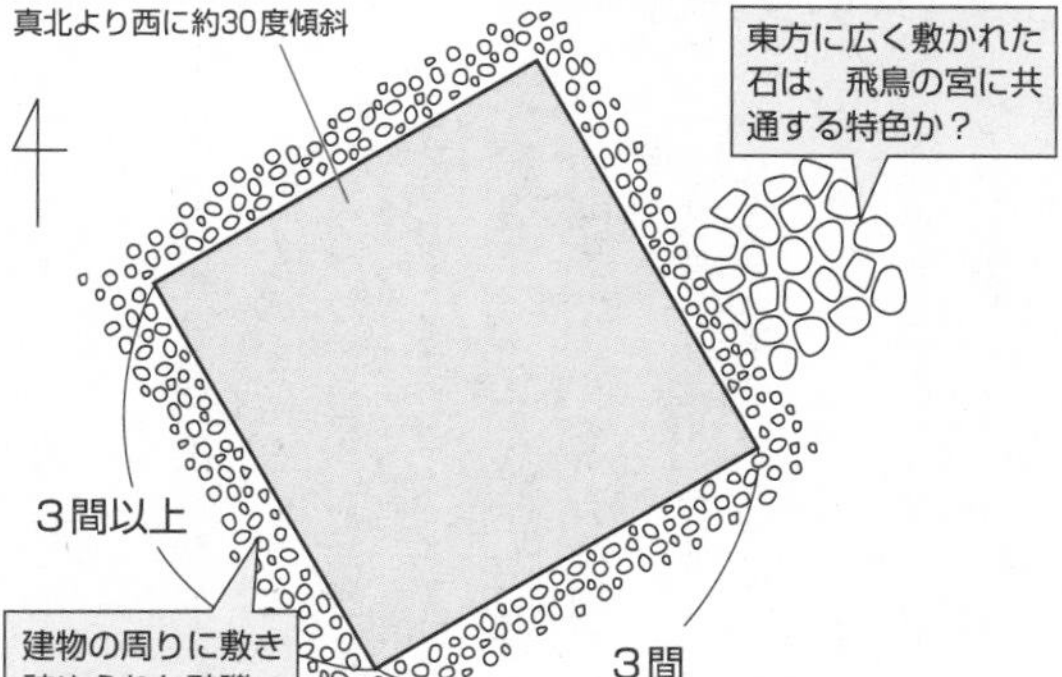
真北より西に約30度傾斜
東方に広く敷かれた石は、飛鳥の宮に共通する特色か？
3間以上
建物の周りに敷き詰められた砂礫
3間

豊浦宮の全貌は未だ明らかではないが、豊浦宮は東西 100m、南北200mとされる豊浦寺と同程度の規模を持っていたという説もある。

土佐光芳『推古天皇像』（1726年）

叡福寺所蔵の絹本。推古天皇は日本で最初の女性天皇で、在位期間が最も長い（36 年）女性天皇でもある。

いことが証明されてしまうと、竹田皇子亡き後、生前譲位する気になれなかったというのだ。そもそも、聖徳太子は摂政や皇太子ではなかったのではないかという説もある。『女帝推古と聖徳太子』（光文社）で中村修也氏は、『日本書紀』の編者は、大化《たいか》の改新《かいしん》（乙巳《いっし》の変）で悪役となった馬子の数々の業績を聖徳太子に帰すために聖徳太子の立太子《りったいし》を捏造《ねつぞう》したとしている。どちらにせよ、聖徳太子は推古天皇より早くに亡くなったため、聖徳太子が天皇になることはついになかった。

第一章
聖徳太子の登場

政略結婚

摂政としての地位を決定付けた婚姻関係

聖徳太子をとりまく四人の妃たち

聖徳太子は才能、人望ともに当時から高く評価され、数多《あまた》いる皇子の中でも一目置かれた存在だった。その期待の現われは聖徳太子の婚姻関係からもみることができる。

聖徳太子は生涯に菟道貝鮹皇女《うじのかいたこのひめみこ》、菩岐々美郎女《ほききみのいらつめ》、刀自古郎女《とじこのいらつめ》、橘《たちばなの》大郎女《おおいらつめ》という四人の妃をめとったが、これらは極めて政治色の強い結婚だった。このうちの二人が炊屋姫の娘と孫、そして一人が時の権力者・蘇我馬子の娘である。聖徳太子は、蘇我馬子と炊屋姫という、二つの有力ラインと婚姻関係を結ぶことで、蘇我系皇子としての立場を磐石《ばんじゃく》なものにしたのである。

敏達天皇と炊屋姫の間の娘である菟道貝鮹皇女はその身分の高さから見て聖徳太子の正妃だったようだ。この結婚は、炊屋姫と聖徳太子とを結びつけるための政略結婚であり、推古朝で聖徳太子が摂政という重要な立場に抜擢されたのも単に炊屋姫の甥《おい》というだけでなく、娘婿という立場であったことが関係していることは想像に難くない。

ただし、菟道貝鮹皇女には子がなく、彼女自身も早世したとされている。

蘇我馬子の娘である刀自古郎女との結婚は、蘇我氏との結びつきを強める目的の婚姻。彼女は聖徳太子の後継者とされた山背大兄王《やましろのおおえのおう》ら三男一女をもうけている。

●趣の異なる菩岐々美郎女との結婚

聖徳太子の妃のなかでも唯一、恋愛結婚ではないかといわれるのが、豪族・膳傾子《かしわでのかたぶこ》の娘、菩岐々美郎女との結婚である。平安時代の成立とされる『聖徳太子伝暦』によると、彼女は四人の妃のなかでもっとも深い寵愛《ちょうあい》を受けた女性だという。確かに彼女は八人の子をもうけ、妃の中で最も身分が低いにもかかわらず、法隆寺金堂・釈迦三尊像光背《しゃかさんぞんぞうこうはい》に彼女が正妃（王后）であると記されていたり、唯一聖徳太子と合葬《がっそう》された妃であることからも、厚遇《こうぐう》されたことは確かなようだ。これらの事実から『聖徳太子伝暦』は聖徳太子が彼女に一目惚《ひとめぼ》れした末の恋愛結婚だったとみな

聖徳太子と四人の妃

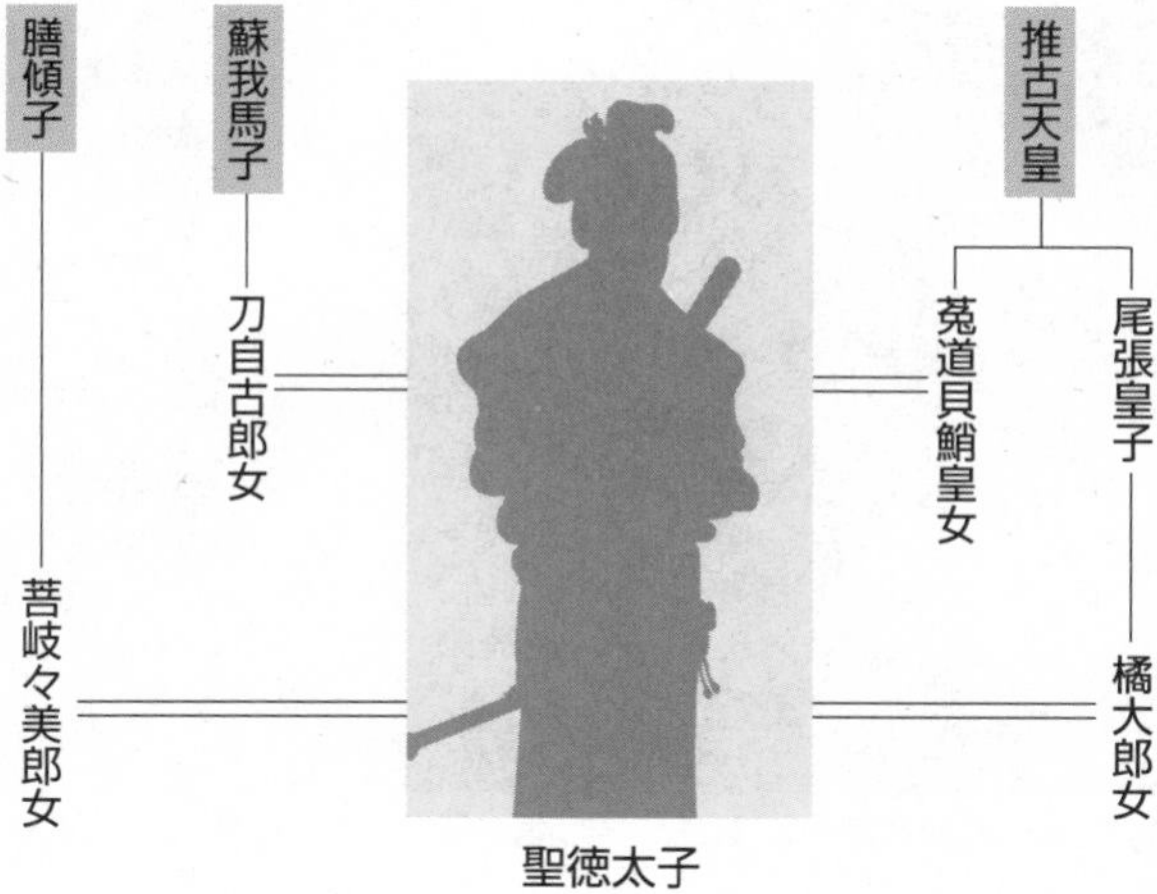

している。

ただし実はこの結婚も経済力がらみの政略結婚だったという説もある。聖徳太子の晩年の住居である斑鳩《いかるが》は膳氏ゆかりの地である。菩岐々美郎女が法隆寺の釈迦三尊像の発願をしたり、法輪寺《ほうりんじ》の建立の施主《せしゅ》を務めたりしていることからも、これらの事業のスポンサーが膳氏だった可能性は高い。彼女は経済面から聖徳太子の活動をサポートしていたのだろう。

四人目の妃・橘大郎女は、炊屋姫の子、尾張皇子の娘で、炊屋姫の孫に当たる。この結婚は、菟道

『聖徳太子絵伝』―野辺の菜摘―

草を摘む女性（菩岐々美郎女か）を聖徳太子が見初める場面。
（山内勝春、古藤養真／東京国立博物館所蔵）

貝鮹皇女が亡くなったあとの炊屋姫と聖徳太子の絆を再び固める目的で行われたと考えられる。

彼女は菟道貝鮹皇女亡きあとの正妃に納まったとみられ、聖徳太子との間に一男一女をもうけている。

このように聖徳太子は、幾重《いくえ》にも張り巡らされた政略結婚の網によってその立場を強化していったことが分かる。のちに三頭政治ともいわれる推古朝での推古天皇、蘇我馬子、聖徳太子による三人の協力体制が順調に進んだのも、こうした婚姻関係が背景にあったのである。

妃の生家の勢力図

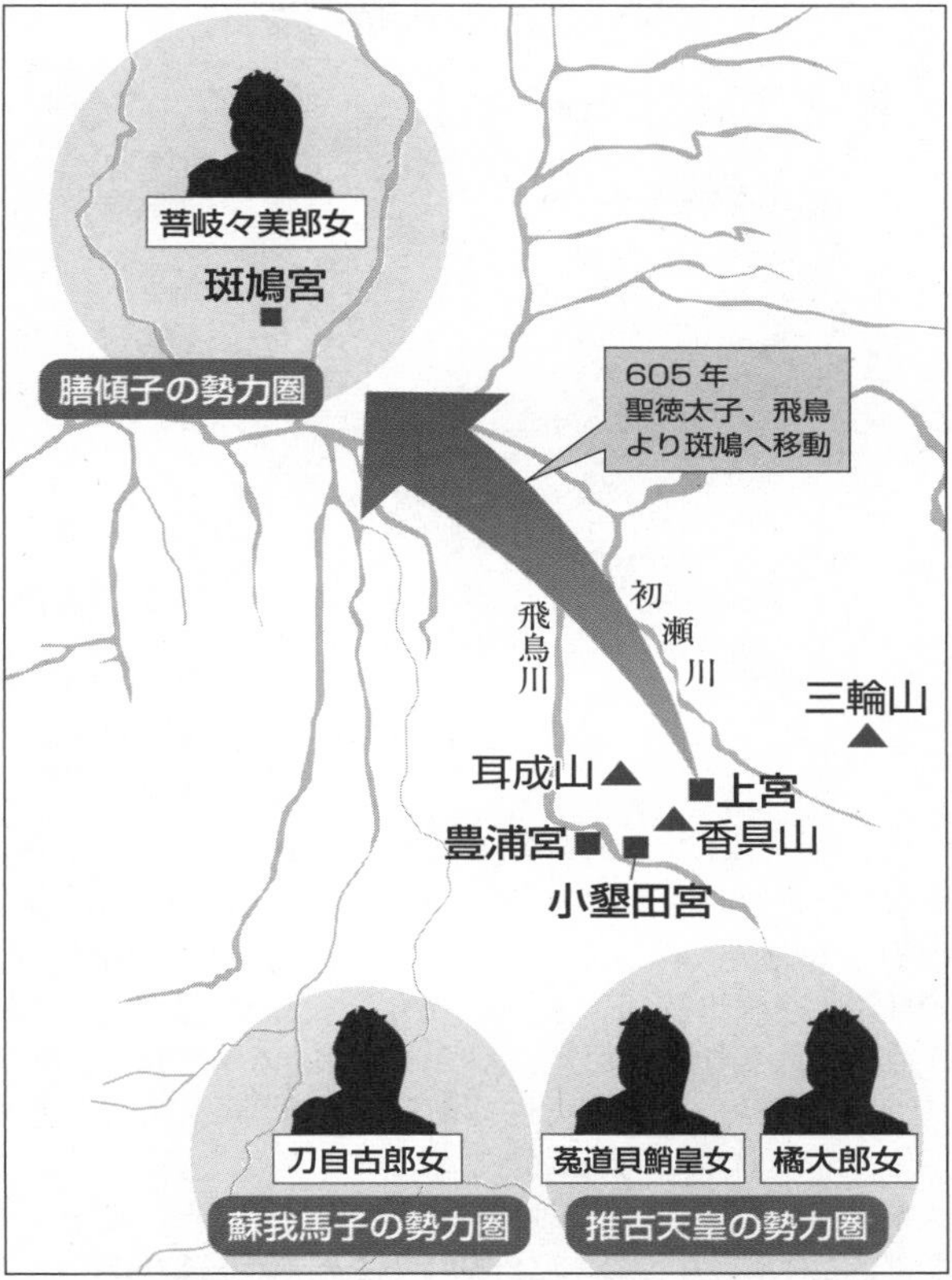
菩岐々美郎女
斑鳩宮
膳傾子の勢力圏
605年
聖徳太子、飛鳥
より斑鳩へ移動
初瀬川
飛鳥川
三輪山
耳成山
上宮
香具山
豊浦宮
小墾田宮
刀自古郎女
蘇我馬子の勢力圏
菟道貝鮹皇女
橘大郎女
推古天皇の勢力圏

聖徳太子が推古天皇、蘇我馬子の影響力の強い飛鳥を離れ斑鳩に宮を構えた理由のひとつに菩岐々美郎女との婚姻による膳氏との関係の強まりがあるとする説がある。

コラム　聖徳太子ゆかりの寺①

大《だい》聖《せい》勝《しょう》軍《ぐん》寺《じ》

椋《むく》の木の割れ目から太子像がのぞく神妙椋樹。

アクセスデータ
JR 関西本線八尾
駅から徒歩 20 分

聖徳太子ゆかりの史跡が多く残る大阪府の中でも、八尾市《やおし》にある大聖勝軍寺は別名「下《しも》の太子」と呼ばれ、大阪府太子町の「上《かみ》の太子」（叡福寺《えいふくじ》）、大阪府羽曳野市《はびきのし》の「中《なか》の太子」（野中寺《やちゅうじ》）と並んで聖徳太子信仰の中心地となっている。この大聖勝軍寺には、巨大な椋の木の割れ目から聖徳太子像がのぞく神妙椋がある。

『聖徳太子伝暦』によると白膠木《ぬるで》を手に蘇我軍を勝利に導いた用明２（587）年の蘇我と物部の戦いで、聖徳太子は一度、物部の大軍に囲まれるという窮地に陥っている。この時、聖徳太子は落雷で二つに裂けた椋の木に身を隠すことで難を逃れることができたという。戦いの後、聖徳太子は、自分の身を護ってくれた椋の木の下にお堂を創り、自分の像を刻んで納めたと伝わる。この時のお堂が現在の大聖勝軍寺の前身なのである。

第二章
聖徳太子の事績

第二章
聖徳太子の事績

仏教興隆の詔

聖徳太子が目指した理想の国づくり

●三宝興隆の詔を発布

推古《すいこ》天皇の即位と聖徳太子《しょうとくたいし》の摂政《せっしょう》就任が行なわれた推古元（五九三）年より、推古天皇と、蘇我馬子《そがのうまこ》、そして聖徳太子による三頭《さんとう》政治が始まった。推古朝が手始めに着手したのが仏教信仰の本格的な推進である。推古二（五九四）年には天皇が仏教興隆《こうりゅう》の詔《みことのり》を発し、三宝《さんぼう》（仏《ほとけ》・法《のり》・僧《ほうし》）の興隆を命じている。

この詔の発布によって、それまで蘇我氏がリードする形で中央の有力豪族の間で流布《るふ》していた仏教が、地方の諸豪族へも広まることになる。推古三（五九五）年には高句麗《こうくり》の慧慈《えじ》と百済《くだら》の慧聡《えそう》という高僧《こうそう》が来日し、その翌年に完成した法興寺《ほうこうじ》（飛鳥寺《あすかでら》）に居住して、仏教の本格的な流布につとめている。

この詔は聖徳太子にとっても本格的に仏教と関わる大きな転機となった。

聖徳太子の父・用明《ようめい》天皇は天皇として初めて仏教を信仰した人物として知られて

仏教受容の経過

年	事象
欽明13年	百済の聖明王から金銅釈迦仏像一体・経論等が贈られる。
敏達8年	新羅、調物と仏像を贈る。
敏達12年	日羅を百済より召還する。
敏達13年	百済より弥勒石像一体と仏像一体がもたらされる。 蘇我馬子、高句麗の還俗僧・恵便を師として善信尼たちを出家させる。
崇峻元年	百済より僧・慧聡・恵寔が来朝し、仏舎利をもたらす。馬子、善信尼たちを百済に学問修行に送り出す。
崇峻3年	善信尼ら百済より帰国する。
推古3年	高句麗僧・慧慈来朝し、聖徳太子の師となる。 百済僧・慧聡来朝する。
推古10年	高句麗僧・僧隆・雲聡来朝する。
推古13年	高句麗大興王、日本の大王が仏像を造ることを聞き、黄金300両を贈る。
推古23年	高句麗僧・慧慈、帰国する。
推古24年	新羅、仏像を贈る。
推古31年	新羅、仏像一具・金塔・舎利を贈る。
推古33年	高句麗王、僧・恵灌を遣わす。

参考：『歴史群像シリーズ飛鳥王朝史』（学習研究社）

百済の聖明王によって公伝された仏教が、推古朝には朝鮮半島との活発な交流によって発展していった。

いる。聖徳太子はそんな父や大叔父にあたる蘇我馬子の影響で、少年時代から仏教に親しんでいたが、来日した慧慈に師事することで本格的に仏教を学び、信仰を深めていった。以降、聖徳太子は積極的に仏教興隆運動に従事し、その中心的役割を担っていったのである。

その姿勢は推古一一（六〇三）年に聖徳太子が側近の秦河勝《はたのかわかつ》に仏像を下賜《かし》していることにも現われている。河勝はこの仏像をもって蜂岡寺《はちおかでら》（のちの広隆寺《こうりゅうじ》）を建立している。

また、推古天皇に請《こ》われて

『勝鬘経《しょうまんぎょう》』『法華経《ほけきょう》』を講経《こうきょう》し、自身も法隆寺《ほうりゅうじ》や四天王寺《してんのうじ》などの寺社を建立した。こうした動きに連動するように諸豪族も競って仏舎や寺を造り、推古朝末期までに寺が四十六ヶ所も建立されている。高度な文化を受け入れる場合、その精神をただちに浸透させることは難しい。そこで聖徳太子は、まずは仏教精神を取り込むべく、寺院建立などの形から入るよう仕向けたのである。

理想の統一国家の精神的基盤となった仏教

聖徳太子が仏教信仰を推し進めた理由は二つある。

ひとつは、従来の氏族制度社会を覆し、新しい統一国家を築くための精神的基盤を仏教に求めたこと。それまでは諸豪族がそれぞれの氏神《うじがみ》を祀《まつ》っていたが、それが時には争いのもとになった。そこで諸豪族の統一の精神的支柱として仏教を取り入れたのだ。仏教で国内の宥和《ゆうわ》をはかり、理想の統一国家を作ろうとしたのである。

二つ目の理由は、当時の仏教が最先端の学問、芸術と一体のものであったこと。仏教の持つ高度な精神は、聖徳太子の理想とした革新国家には欠かせない要素だったのだ。

推古朝の46ヶ寺中38ヶ寺候補地

仏法興隆の詔が発せられ公に仏教信仰が認められると、次々と寺院が建立された。推古朝の時代に建立されたとされる46ヶ寺のうち、存在があきらかな38ヶ寺については図のように候補地が挙げられる。

第二章 聖徳太子の事績

第一回遣隋使派遣

『日本書紀』に記されなかった理由

第一回遣隋使の真実

聖徳太子の主要な業績として憲法十七条《けんぽうじゅうななじょう》、冠位十二階《かんいじゅうにかい》の制定の次に思い起こされるのが、遣隋使《けんずいし》の派遣である。推古一五（六〇七）年に聖徳太子が小野妹子《おののいもこ》を隋に派遣したというものであるが、隋の正史である『隋書《ずいしょ》』には、それより七年も前の推古八（六〇〇）年に倭王《わおう》の使者が隋を訪問したという記事が見える。これこそが第一回の遣隋使ではないかとされる一方、この事実が『日本書紀《にほんしょき》』で一切触れられていないため、この時の倭王の使者が何者かという点が議論されてきた。

『日本書紀』に記述がない点や国書を持参した形跡がないことなどから、坂本太郎氏のように九州の豪族が倭王と名乗って使者を派遣したという説（『聖徳太子』吉川弘文館）、武光誠氏のように聖徳太子の私的な使節（『謎の加耶諸国と聖徳太子』文藝春秋）とする説もある。

遣隋使派遣に関する史書の記述

『隋書』倭国伝	開皇20（600）年	倭国遣使。文帝、その風俗を問う。「倭国は天を以て兄と為し……」と応答。
	大業3（607）年	倭王多利思比孤、遣使。「日出づる処の天子……」の国書。
	大業4（608）年	裴世清を倭国に派遣。倭、再度使者を派遣。この後、遣使途絶。
『日本書紀』	推古15（607）年7月	小野妹子を隋に遣わす。通事は鞍作福利。
	推古16（608）年	妹子、裴世清とともに隋より帰還。
		隋使一行を難波津に迎接。妹子、百済で隋の国書を奪われたことを奏上。
		隋使一行を海石榴市に迎接。
		隋使、小墾田宮で使者の趣を奏上。
		隋使を小墾田宮で饗応。
		隋使を難波大郡で饗応。
		隋使、帰還。妹子を再度隋に遣わす。
	推古17（609）年	妹子、隋より帰還。
	推古22（614）年	犬上御田鍬らを隋に派遣。
	推古23（615）年	御田鍬ら、隋より帰還。百済使、御田鍬に従い来朝。

日本側の正史『日本書紀』に残された初の遣隋使派遣は607年である。しかし、隋側の正史『隋書』によると、さかのぼること7年前の600年に遣隋使がやってきていることになっている。

●倭王とされた多利思比孤の正体

『隋書』によると第一回遣隋使の使節は日本の様子について「時の倭王は姓を阿毎《あめ》、字《あざな》を多利思比孤《たりしひこ》といい、国では阿輩鶏弥《あふきみ》と名乗っている」と答えたとしている。

これらの名前は隋の人が聞いた日本語に、漢字の発音を当てはめたものである。「阿毎」すなわち「アメ」を日本語の「天」とし、「阿輩鶏弥」を「オオキミ」として、「大君」。「天」と「大君」で「天皇」を表すという見方もあるが、これについては、「天皇」という称号の採用が七世紀後半の天武《てんむ》朝に始まるもので、六〇〇年当時「天皇」の称号がなかったとする説もあり、解釈には一考の余地がある。

また、「多利思比孤」は古代の王（男）たちに多かった名前の「足彦《たらしひこ》」のことではないかと解釈されている。ところが当時の日本の天皇は女性の推古天皇。「足彦」という男の名を使うのは不自然である。そのためこれは外交を牽引していた聖徳太子のことではないかともいわれている。

聖徳太子が高句麗の慧慈について学ぶうち、高句麗文化に強い影響を与えた中国大陸の文化に興味を抱いたとしても不思議はない。また、聖徳太子は隋が朝鮮半島を従えるさまを見て、朝鮮半島に拘泥《こうでい》するより、東アジア情勢を視野に入れた外交

遣隋使派遣の狙い

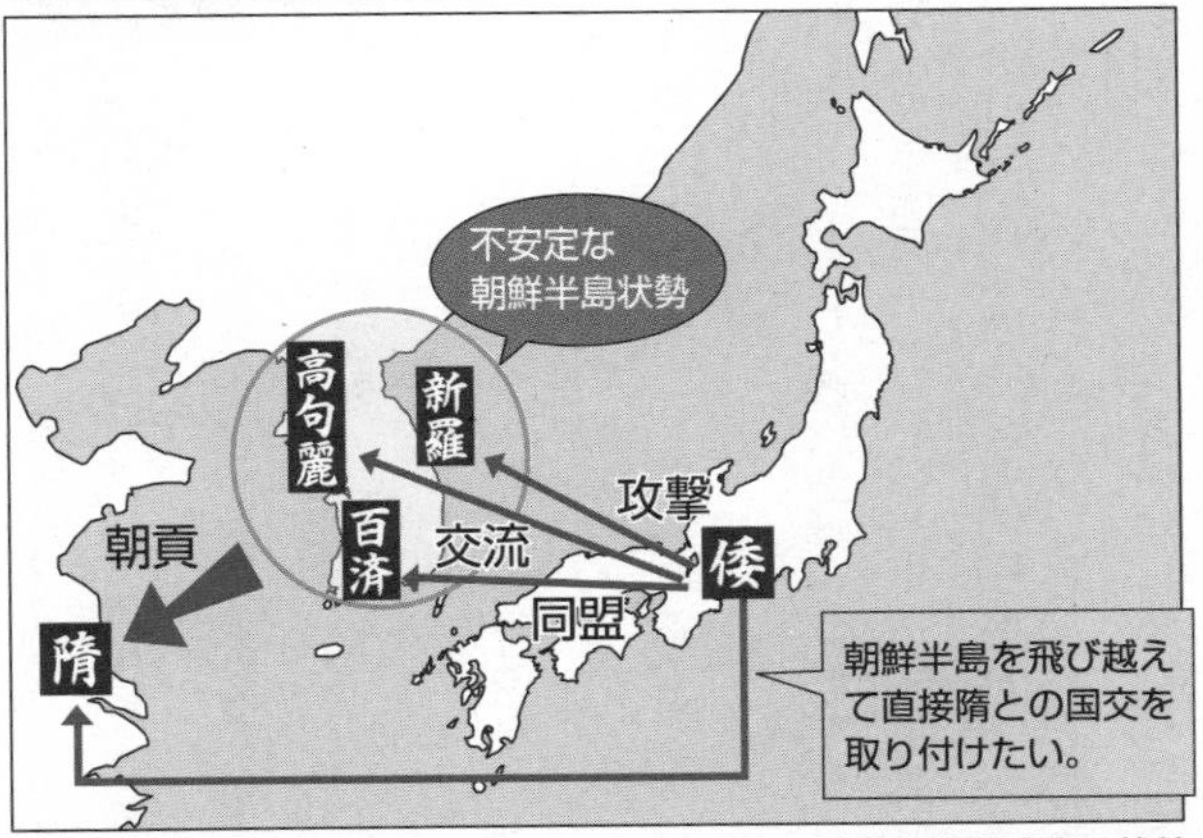
不安定な
朝鮮半島状勢
高句麗
新羅
百済
攻撃
交流
同盟
倭
朝貢
隋
朝鮮半島を飛び越えて直接隋との国交を取り付けたい。

聖徳太子は、隋と直接国交を結ぶことで、常に不安定な朝鮮半島の状勢に振り回されることなく大陸文化の摂取ができると考えたのだろう。

政策の必要性を感じ取ったのだろう。

　このとき、日本の習俗について聞かれた日本の使者は、日本の王は夜が明ける前に政務を終えると返答し、隋の皇帝をあきれさせたという。『日本書紀』がこのときの遣隋使について触れていないのは、あまりにも立ち遅れた日本の姿を記載したくなかったからかもしれない。

　いずれにしろ一世紀も途絶えていた中国大陸との国交復活を企図《きと》したのは、外交を担っていた聖徳太子である。

第二章
聖徳太子の事績

新羅征討

実弟を撃新羅大将軍として派遣した太子の思惑

●悲願だった任那復興

第一回遣隋使の派遣から遡《さかのぼ》ること四〇年余り。六世紀から七世紀にかけての大和《やまと》政権にとって、かつて日本の影響下にあった任那《みまな》の復興は大命題だった。百済と連携し、任那復興の拠点となる任那日本府を設置した大和政権の政策も功を奏さず、欽明《きんめい》二三（五六二）年、新羅の侵攻による任那の滅亡とともに日本府は消滅してしまう。

欽明天皇はよほど無念だったのだろう。今際《いまわ》の際《きわ》に、皇太子（のちの敏達《びだつ》天皇）を呼び寄せると、その手をとり「自分は重病である。お前は新羅を討って任那を封じ建てよ」と言い残して息を引き取った。それを受けた敏達天皇は、任那復興への準備を進めていたが、疱瘡《ほうそう》にかかってしまう。敏達天皇は病床から橘豊日皇子《たちばなのとよひのみこ》（のちの用明《ようめい》天皇）に「先帝の勅《ちょく》に背《そむ》かないように、任那復興の政策を怠るな」と詔を

日本の対新羅動向

年	事　象
欽明23(562)年	任那滅亡。
欽明32(571)年	欽明天皇、新羅を討ち、任那復興を遂げるよう遺言を残す。
敏達14(585)年	敏達天皇、橘豊日皇子に任那復興に励むよう詔を発する。
崇峻4(591)年	崇峻天皇、任那復興の詔を発する。
推古8(600)年	新羅の任那攻撃を受けて出兵。蘇我氏主導での派遣。5城を攻略。
推古10(602)年	新羅が再び任那に侵攻したのを受けて出兵。聖徳太子主導での派遣。来目皇子の病死、当麻皇子の妻の死で中止。
推古31(623)年	境部雄摩侶を大将軍に数万の兵を派遣し新羅を降伏させる。

欽明、敏達、崇峻ら歴代天皇の悲願であった任那復興は、新羅の征討で実現されうると考えられていた。

602年の新羅征討

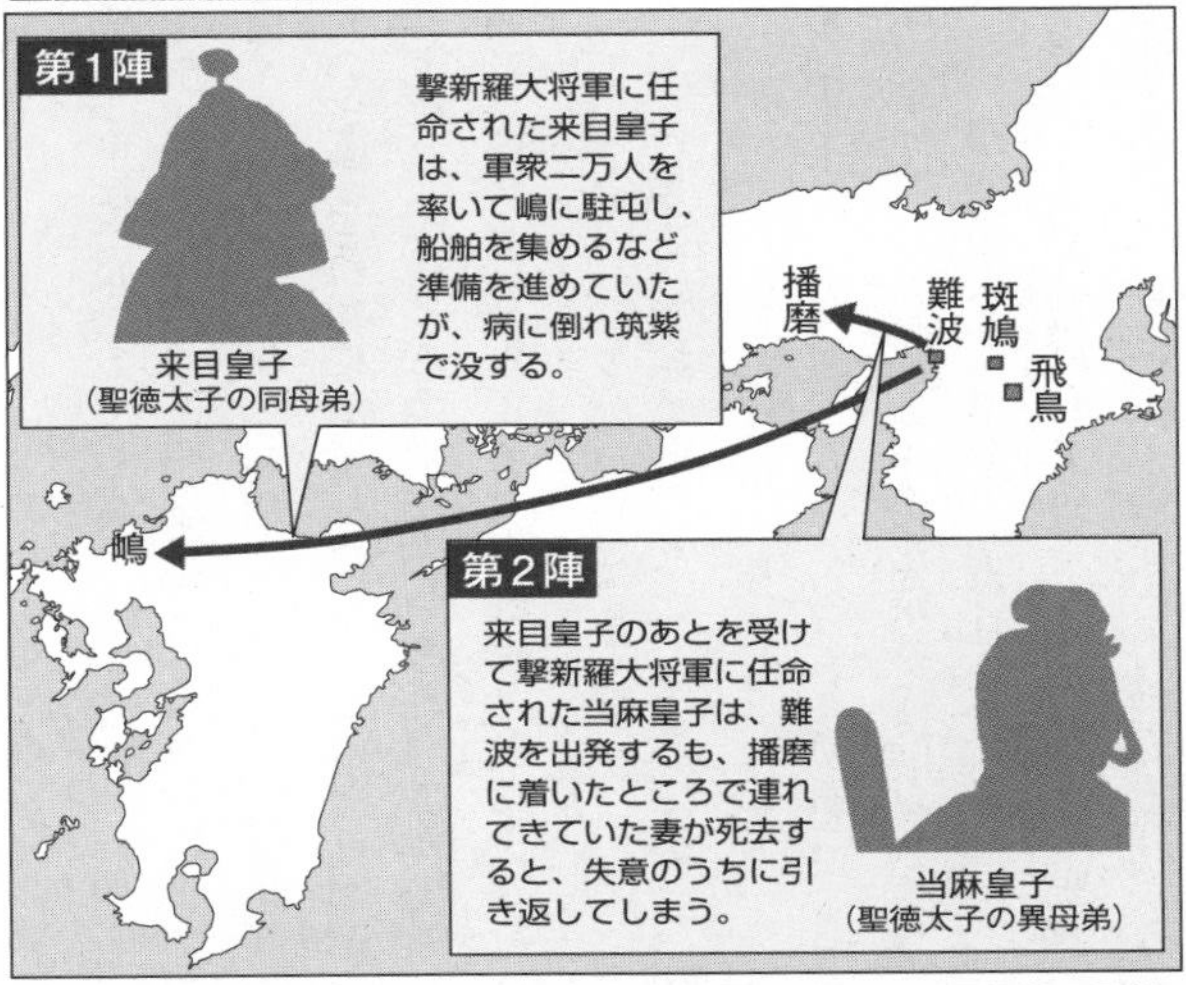
第1陣
撃新羅大将軍に任命された来目皇子は、軍衆二万人を率いて嶋に駐屯し、船舶を集めるなど準備を進めていたが、病に倒れ筑紫で没する。
来目皇子
(聖徳太子の同母弟)
播磨
難波
斑鳩
飛鳥
嶋
第2陣
来目皇子のあとを受けて撃新羅大将軍に任命された当麻皇子は、難波を出発するも、播磨に着いたところで連れてきていた妻が死去すると、失意のうちに引き返してしまう。
当麻皇子
(聖徳太子の異母弟)

それまで蘇我氏主導で行なわれていた新羅征討政策は、602 年の聖徳太子主導と想定される新羅征討政策を最後に長い休息期間に入った。

残した。

任那復興は欽明・敏達両天皇の遺言として託された悲願となったが、用明天皇は即位後二年で亡くなりその遺言を果たせなかった。任那復興のための新羅征討が具体化したのは次の崇峻《すしゅん》天皇のときである。崇峻四（五九一）年、天皇は群臣らにはかり、将軍・紀男麻呂《きのおまろ》率いる二万の軍勢を新羅に派遣した。このとき日本が、新羅遠征に踏み切った背景には、五八九年の隋による中国統一がある。この状況が朝鮮半島に少なからず動揺を与えていると感じた日本はこれを好機ととらえ、遠征軍を派遣したのだ。

しかし翌年、崇峻天皇が暗殺され、遠征軍は筑紫《ちくし》に駐留したところで終わってしまう。

日本が再び新羅遠征を企図したのは推古一〇（六〇二）年のことである。高句麗と百済が新羅に攻め入り、日本側も二万五〇〇〇人の軍勢を筑紫に向かわせた。このとき、撃新羅大将軍《げきしらぎだいしょうぐん》に任じられたのが聖徳太子の実弟・来目皇子《くめのみこ》だ。

それまで撃新羅大将軍は蘇我氏に近い人物が選ばれていた。このとき、聖徳太子の実弟が将軍に任じられたという事実からは、聖徳太子の発言力の高まりがうかが

『聖徳太子絵伝』―新羅征討―

実弟の来目皇子に新羅征討を託す聖徳太子。
（山内勝春、古藤養真／東京国立博物館所蔵）

来目皇子の遺跡

福岡県糸島市には、来目皇子が駐屯し、没したとされる来目皇子遺跡の碑がある。

える。

聖徳太子は信頼する実弟に悲願の達成を託したが、来目皇子は筑紫で病没してしまう。聖徳太子は続いて異母弟の当麻皇子《たぎまのみこ》を後任の将軍に任じたが、今度は同行していた当麻皇子の妻が亡くなり、皇子が都に引き返すという結果に終わる。新羅遠征計画はここで中止され、以降、任那復興が試みられることはなかった。

遣隋使が変えた外交政策

この新羅遠征中止も聖徳太子の意向である可能性が高い。その背景には、推古八（六〇〇）年に行なわれていた第一回遣隋使派遣がある。

日本は倭王武《ぶ》以来、約一世紀ぶりに中国に使者を派遣したことになる。

帰国した遣隋使からもたらされた大帝国・隋の充実した国家機能のさまは聖徳太子らを大いに驚かせた。隋に比べて法典ひとつ、身分を示す冠位ひとつもたない日本国家がいかに立ち遅れているかを思い知らされたのだ。

聖徳太子は内政の充実をはかる必要があることを痛感し、政策を大きく転換していくことになる。

第二章
聖徳太子の事績

冠位十二階

天皇を中心とした日本初の官僚制度

●聖徳太子が作った冠位制度

内政充実へと政策転換をした聖徳太子は矢継ぎ早に政治改革に乗り出す。聖徳太子が目指したのは国家の近代化だった。具体的には特定の豪族の合議という形で進められていたそれまでの政治システムを天皇中心の主権国家へ移行させることであった。

そのための政策として聖徳太子が注目したのが、朝鮮半島で採用されていた冠位制度である。これは君主を頂点とした官僚制度で、朝鮮半島ではすでに高句麗が十二等、新羅が十七等、百済が十六等と、それぞれ冠位を制定していた。聖徳太子は、この天皇直轄の官僚制度が、天皇と豪族との主従関係を強化する一方、従来の氏姓《しせい》制度を打破できる制度だと期待したのだ。また、豪族たちを序列化できる冠位制度は、使節応対など、対外的な場面でも威儀を整えて天皇の権威を知らしめることができると考えた。

その考えを後押ししたのも、推古八（六〇〇）年に派遣された第一回の遣隋使たちの帰国報告だったと思われる。遣隋使たちから隋の秩序ある政治方式、なかでも冠位制度によって整然と立ち並ぶ臣下たちのあり様を聞いた聖徳太子は、冠位の重要性を感じたに違いない。

そして推古一一（六〇三）年、聖徳太子は冠位十二階を制定する。ここに日本で初めての官僚制度が誕生したのである。その仕組みは、徳《とく》・仁《じん》・礼《らい》・信《しん》・義《ぎ》・智《ち》をそれぞれ大小にわけた十二の位階を定めたものだ。一目で分かるように冠が色分けされており、色は上から紫、青、赤、黄、白、黒だったと考えられている。

位階の名称については中国の五常《ごじょう》思想である仁・義・礼・智・信を参考にしており、その上に徳を置いたのは中国の道教《どうきょう》思想の表れだという説もある。

●官僚制の整備

冠位十二階が従来の姓制度と大きく異なっていたのは、天皇が個人の功労や実力に応じて冠位を授けた点にある。世襲《せしゅう》制度に代わる実力主義の人材登用が実現し

冠位十二階のモデルと考えられる朝鮮半島の官位制度

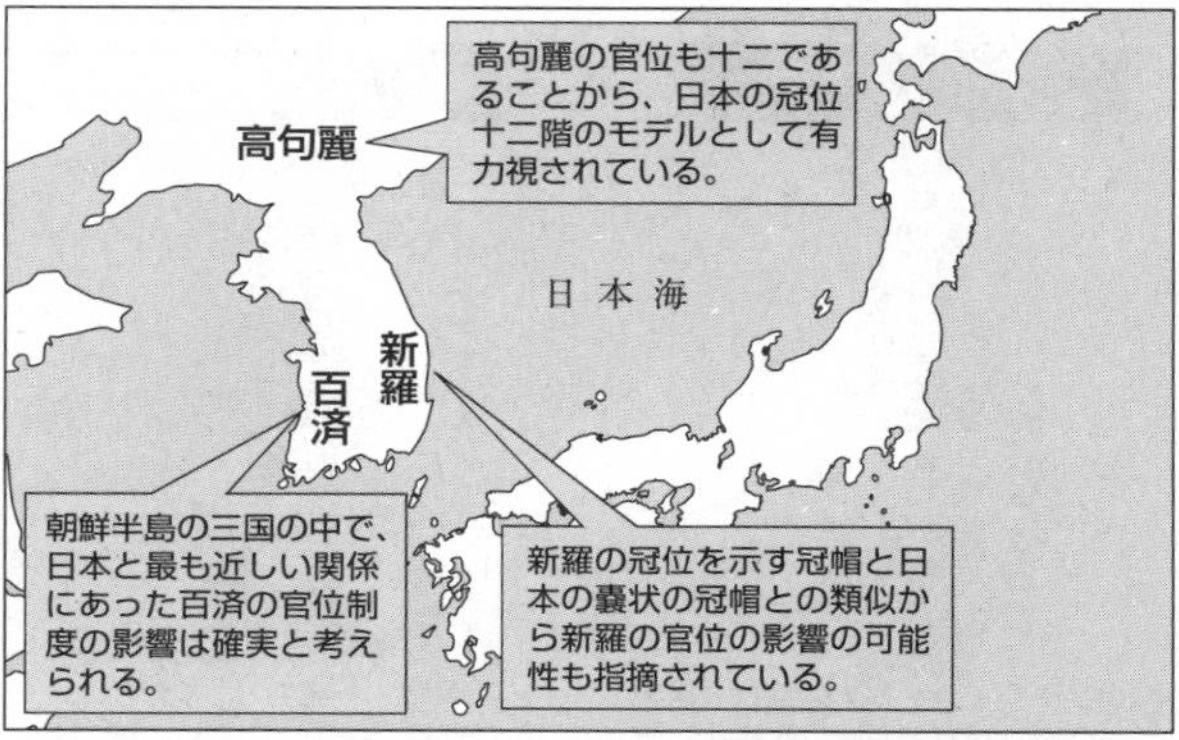
高句麗の官位も十二であることから、日本の冠位十二階のモデルとして有力視されている。
高句麗
日本海
新羅
百済
朝鮮半島の三国の中で、日本と最も近しい関係にあった百済の官位制度の影響は確実と考えられる。
新羅の冠位を示す冠帽と日本の嚢状の冠帽との類似から新羅の官位の影響の可能性も指摘されている。

新羅	百済(『周書』)	高句麗(『隋書』)	日本(推古朝)
1. 伊伐湌	1. 左　平	1. 太大兄	1. 大　徳
2. 伊尺湌	2. 達(大)率	2. 大　兄	2. 小　徳
3. 迊　湌	3. 恩　率	3. 小　兄	3. 大　仁
4. 波珍湌	4. 徳　率	4. 対　盧	4. 小　仁
5. 大阿湌	5. 扞(杆)率	5. 意俟奢	5. 大　礼
6. 阿　湌	6. 奈　率	6. 烏　拙	6. 小　礼
7. 一吉湌	7. 将　徳	7. 太大使者	7. 大　信
8. 沙　湌	8. 施　徳	8. 大使者	8. 小　信
9. 級伐湌	9. 固　徳	9. 小使者	9. 大　義
10. 大奈麻	10. 季　徳	10. 褥　奢	10. 小　義
11. 奈　麻	11. 対　徳	11. 翳　属	11. 大　智
12. 大　舎	12. 文　督	12. 仙　人	12. 小　智
13. 小　舎	13. 武　督		
14. 吉　士	14. 佐　軍		
15. 大　烏	15. 振　武		
16. 小　烏	16. 克(剋)虞		
17. 造　位			

聖徳太子が制定した冠位十二階の制度は、朝鮮半島の官位制度の影響が色濃くみられる。

推古朝の身分制度の仕組み

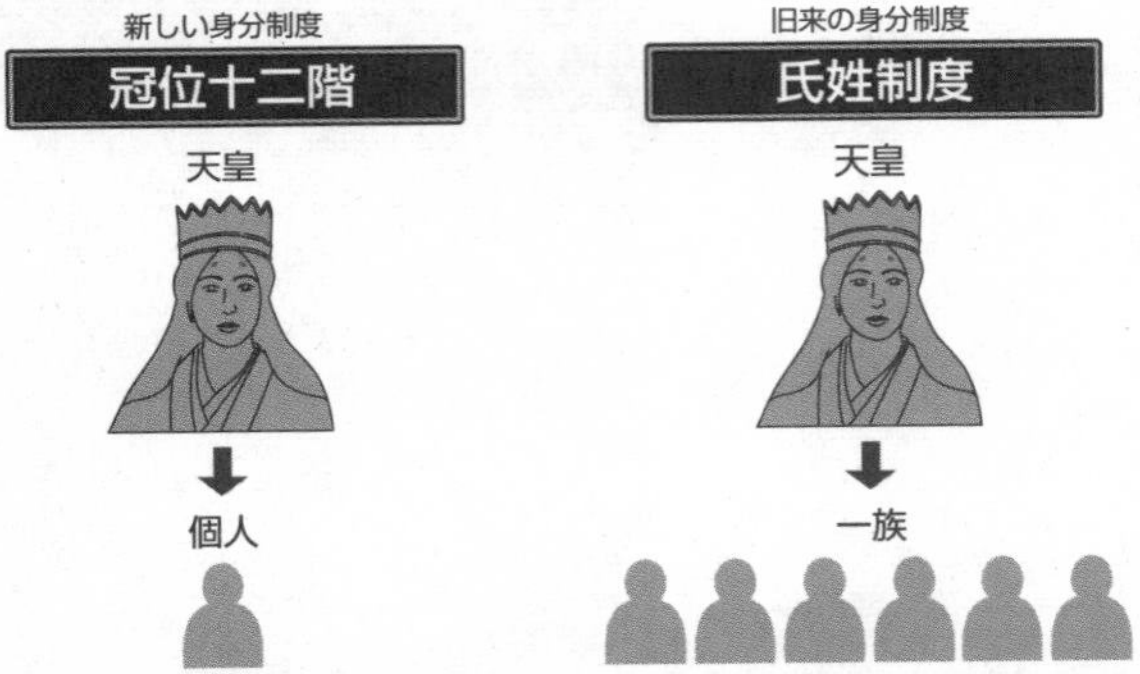

新しい身分制度
冠位十二階
天皇
個人
旧来の身分制度
氏姓制度
天皇
一族

冠位はそれぞれの能力に応じて個人に与えられた身分。特定の豪族を牽制する狙いで制定された。

天皇から氏（一族）に与えられた世襲の身分。冠位十二階とともに併用され続けた。

たのである。その典型的な例が、聖徳太子の側近である秦河勝が第二位の小徳にまで出世したり、飛鳥寺の本尊を作った鞍作鳥《くらつくりのとり》が第三位の大仁《たいにん》を授けられたりしたことだろう。氏《うじ》に関係なく実力のある者が活躍し、出世できる道が開かれたのである。こうして豪族たちを天皇が直接支配する体制が整えられていった。

もちろんこれで氏姓制度が完全に崩壊したわけではなく、大臣の蘇我馬子は冠位十二階を超越した存在として君臨し続けた。

しかし、官僚制度を推進し、諸制度を整えた聖徳太子の政策が、天皇の権威を明確にし、近代化を推し進めたのである。

第二章
聖徳太子の事績

朝礼の整備

小墾田宮への遷宮で実現した王権国家の舞台

小墾田宮への遷宮

聖徳太子が冠位十二階の制定と前後して着手したのが、朝礼《ちょうれい》、いわゆる儀礼の整備であった。それまでの日本では第一回遣隋使が隋の皇帝に告げたように、夜の明けないうちに政務をするという独自の習慣があったようだ。隋の皇帝はこの慣習を「義理なし（道理に適《かな》わないことだ）」としたという。この報告を聞いた聖徳太子は近代国家実現に向けて政務や儀礼の改定を進め、手始めに国家権力の中枢にふさわしい宮殿を求めた。

推古一一（六〇三）年、推古天皇は一人の天皇に一つの宮《みや》という一代一宮制の原則を破り、豊浦宮《とゆらのみや》から小墾田宮《おはりだのみや》へと遷宮《せんぐう》をしている。この小墾田宮は新しい儀礼や政務を執るための場、朝庭《ちょうてい》を備えた本格的な宮だった。

朝庭は南門に入ると中央に庭があり、その左右には大臣や皇子たちが座る朝堂《ちょうどう》

前期難波宮の構造

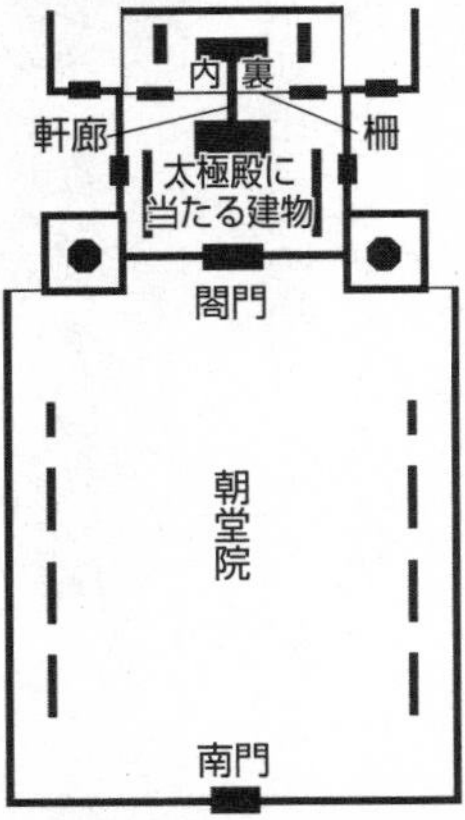
内裏
軒廊
柵
太極殿に
当たる建物
閤門
朝堂院
南門

小墾田宮の構造

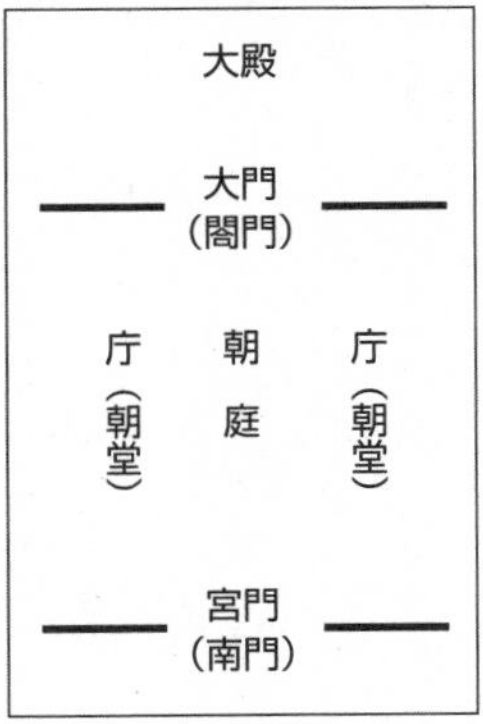
大殿
大門
（閤門）
庁（朝堂）
朝庭
庁（朝堂）
宮門
（南門）

小墾田宮は朝庭を中心とした独自の宮空間として誕生し、前期難波宮へと続いていった。新しい宮の設置と同時にすすめられた儀礼の整備を通して、聖徳太子は天皇（大王）の権威を内外に示そうとした。

が並ぶ空間が広がる。北中央には大門が開かれ、その奥に天皇が出御《しゅつぎょ》する大殿《おおとの》があった。「朝庭」の「朝」は、本来、朝に天子《てんし》が臣《しん》下《か》に謁見《えっけん》する意味である。天皇を中心として政務や儀礼を行なう朝庭は、王権国家を主宰する舞台でもあったのだ。

　小墾田宮の完成と同時に天皇の権威を高め、外国使節への体面を保つことを意識して聖徳太子は次々と朝礼の改革を行なっている。その特徴は中国風の儀礼を取り入れた点にある。

　まず、聖徳太子は儀礼用の装飾

品である大楯《おおたて》と矢を入れる筒を作らせ、旗に絵を描かせた。旗は中国の儀礼用の絵が描かれた華麗な旗を模倣したものと推定される。

翌年の推古一二（六〇四）年には朝礼の礼法を改め「宮殿の門を出入りする際は両手を地につけ、両脚でひざまずき、門の内外のしきりを越えてから初めて立って行け」という詔を出している。門を出入りするたびにひざまずいて天皇に敬意を示すよう定めたのだ。

隋の最新の服制も取り入れる

推古一三（六〇五）年、聖徳太子は、服制も定め、諸王・諸臣に褶《ひらみ》を着けるよう命じた。褶の内容は不明だが『新唐書《しんとうじょ》』によると隋時代に着用が始まったとある。聖徳太子は、隋の最新の服制を取り入れたのだろう。

こうした立派な宮殿、秩序化された服制のもとに行なわれた儀礼は、外国使節の前でも威儀と尊厳を備えたものとなった。聖徳太子は、外国からの使者たちにも、日本のルールに則《のっと》った形式で国書を奏上《そうじょう》させている。これは、天皇が隋の皇帝と同格の権威を持つ存在であると、内外に示そうとしたためと考えられる。

コラム 小墾田宮はどこにあったか

かつて小墾田宮は、発掘調査で明らかになった掘立柱や池の跡などから豊浦の北方・古宮土壇辺りに存在していたといわれていた。ところが昭和62（1987）年、古宮土檀の北東に位置する雷丘東方遺跡の井戸の底から「小治田宮」と墨書された土器などが出土したのである。この土器は平安時代のものなので、推古天皇の小墾田宮と同一かどうかは疑問が残るものの、この土器の発見によって雷丘東方遺跡は小墾田宮候補地として有力視されている。ただし、宮は一地点ではなく広がりのある空間であったとも考えられ、両候補地を含めた一帯を宮と見ることもできる。

候補地①古宮遺跡

発掘された掘立柱建物と池の年代、史書に記された位置との整合性などから長年「小墾田宮推定地」と呼ばれてきた遺跡。

候補地②雷丘東方遺跡

井戸の底から「小治田宮」と墨書された平安時代初期の土器11点が発掘されたことから、推古天皇が作った小墾田宮が平安時代まで存続していた可能性が指摘されている。（明日香村教育委員会提供）

出典：『飛鳥の宮と寺』黒崎直（山川出版社）

第二章
聖徳太子の事績

憲法十七条

「和」の精神が刻まれた官人の心得

●官人の心構えを説いた憲法十七条

推古一二（六〇四）年、聖徳太子は憲法十七条を制定した。これは西魏《せいぎ》、北周《ほくしゅう》、北斉《ほくせい》など中国南北朝時代の国々の詔書《しょうしょ》を参考に作られた日本初の憲法である。憲法十七条は、官人の心構えを説き、官人の公的性格を明確にすることで、官人制度の充実を図ることを目的として作られたものであった。ただし、その内容は近代の憲法や法律とは異なり、訓戒《くんかい》や服務規定《ふくむきてい》ともいうべき性格のものである。『日本書紀』にみられるこの憲法十七条については後世の偽作という説も提示されているが、現在は、聖徳太子主導で制定された原十七条の憲法をもとにしているという説が有力である。

文章は正確な漢文で記されており、その内容は仏教を根底に儒教《じゅきょう》、法家《ほうか》が混在、重層する聖徳太子独自の思想が反映されたものである。条項は仏教や儒教的訓戒、

憲法十七条に影響を与えたとされる制度

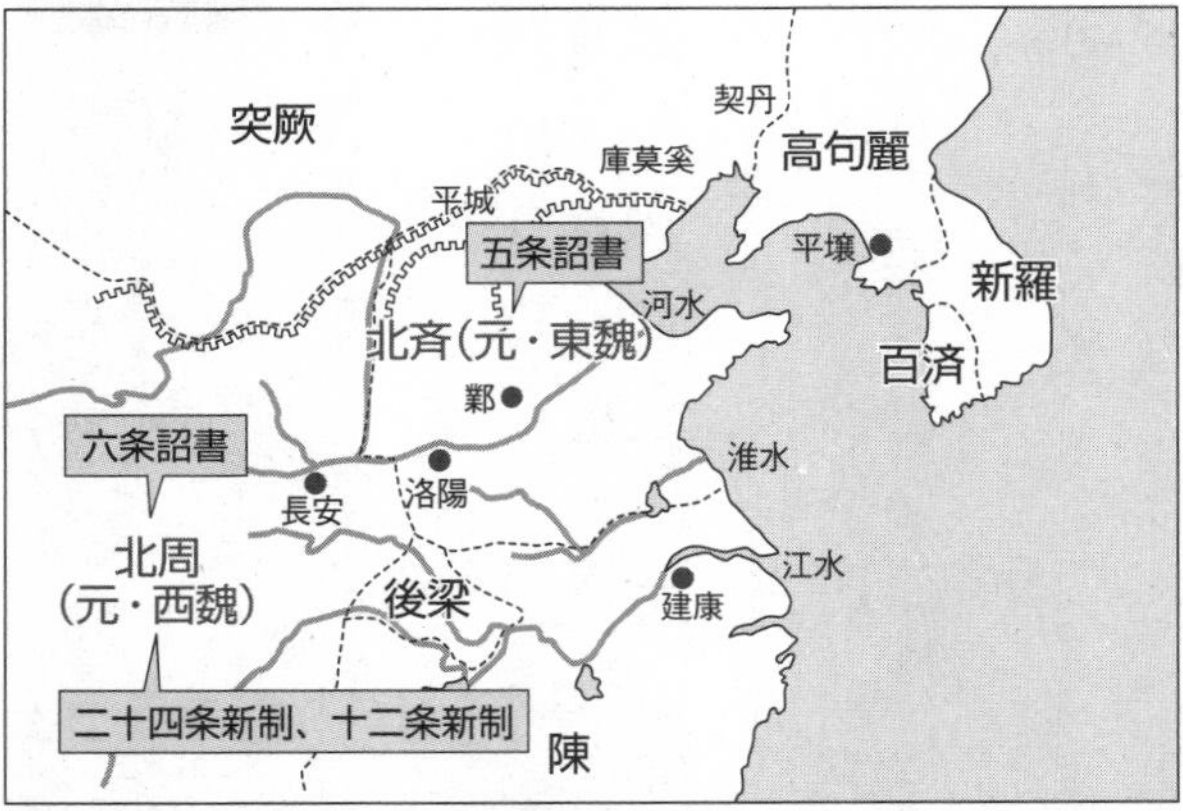
突厥
契丹
庫莫奚
高句麗
平城
五条詔書
平壌
新羅
河水
北斉（元・東魏）
百済
鄴
六条詔書
淮水
洛陽
長安
北周
（元・西魏）
江水
建康
後梁
二十四条新制、十二条新制
陳

聖徳太子は南北朝時代の西魏、西魏の後身となった北周、東魏の後身となった北斉の制度を参考にしたとされる。

天皇の絶対性、官吏《かんり》の心得の三つに大別される。

仏教については第二条に仏教の基本「仏・法・僧」の三宝を敬《うやま》うことを強調しており、天皇自らが仏教興隆を推進していることを明確にしている。

また、第一条の「和《やわらぎ》をもって貴《とうと》しとなす」を筆頭に儒教の五常思想である仁・義・礼・智・信を各条に盛り込む。この第一条からは、「和」で豪族間の争いをなくし、近代的な統一国家を目指そうとした聖徳太子の根本精神が見て取れる。

第三条と第十二条には天皇支配の絶対性についても触れている。とくに第十二条は国司《くにのみこともち》や国造《くにのみやつこ》が私的に人民から税を徴収することを戒め、天皇のみが税徴収の権利をもつことを明確にしている。

官吏の心得については、就業規則のほか私利私欲を捨てて「公」の立場に立つことへの自覚を促《うなが》し、公正な人事や裁判を行なうよう述べるなど多岐にわたる。

京的空間の誕生

憲法十七条の制定は、冠位十二階の制定、朝礼の整備などと同様に、従来の豪族支配の打破と官僚制度への移行の意志を明確に打ち出したものであった。これらの官僚制度の整備は思わぬ副産物をもたらした。それは京《みやこ》のような空間の誕生である。

諸制度の改革により豪族の官人化が進められたとき、官人たちは自分たちの本貫《ほんがん》地《ち》を離れ、飛鳥周辺へと移り住んでいる。その結果、飛鳥周辺には天皇の宮を中心とする京のような空間（倭京《わきょう》）が形成されていったのである。

以降、天武天皇までの約八〇年間、天皇の宮はほとんど飛鳥の地に造営されることになった。ここに天皇による中央集権国家の萌芽《ほうが》を見ることができるのだ。

一に曰く、和《やわらぎ》を以て貴《とうと》しとなし、忤《さか》ふること無きを宗《むね》とせよ。（略）

二に曰く、篤《あつ》く三宝《さんぼう》を敬《うやま》へ。三宝とは仏《ほとけ》、法《のり》、僧《ほうし》なり。（略）

三に曰く、詔《みことのり》を承《うけたまわ》りては必ず謹《つつし》め。君をば則《すなわ》ち天《あめ》とす、臣をば則ち地《つち》とす。（略）

四に曰く、群卿百寮《まえつきみたちつかさつかさ》、礼を以て本《もと》とせよ。其《そ》れ民を治《おさ》むるが本、要《かなら》ず礼にあり。（略）

五に曰く、饗《あじわいのむさぼり》を絶ち、欲を棄て、明かに訴《うっ》訟《たえ》を弁《さだ》めよ。（略）

六に曰く、悪《あしき》を懲《こ》らし善《よろしき》を勧《すす》むるは、古《いにしえ》の良き典《のり》なり。（略）

七に曰く、人各任《おのおのよさ》く有り、掌《つかさど》ること濫《みだ》れざるべし。（略）

八に曰く、群卿百寮《まえつきみたちつかさつかさ》、早く朝《まい》りて晏《おそ》く退《まか》でよ。（略）

九に曰く、信《まこと》は是《こ》れ義《ことわり》の本《もと》なり。（略）

一にいう。和を大切にし、いさかいをせぬようにせよ。（略）

二にいう。篤《あつ》く三宝を敬うように。三宝とは仏《ほとけ》・法《のり》・僧《ほうし》である。（略）

三にいう。天皇の詔《みことのり》を受けたら必ずつつしんで従え。君を天とすれば、臣は地である。（略）

四にいう。群卿《まえつきみたち》（大夫）百寮《つかさつかさ》（各役人）は礼をもって根本の大事とせよ。民を治める根本は必ず礼にある。（略）

五にいう。食におごることをやめ、財物への欲望を捨て、訴訟を公明に裁け。（略）

六にいう。悪をこらし善を勧めるのは、古《いにしえ》からのよい教えである。（略）

七にいう。人はそれぞれ任務がある。司《つかさど》ることに乱れがあってはならぬ。（略）

八にいう。群卿や百寮《つかさつかさ》は早く出仕し、遅く退出するようにせよ。（略）

九にいう。信《まこと》は道義の根本である。（略）

憲法十七条

十に曰く、忿《ふんい》を絶ち、瞋《しんい》を棄て、人の違ふことを怒らざれ。人皆心あり。（略）

十一に曰く、功《いさみ》と過《あやまり》を明らかに察《み》て、賞《たまいもの》し罰《つみな》ふることを必ず当てよ。（略）

十二に曰く、国司・国造、百姓《おおみたから》に斂《おさめと》ることなかれ。国に二《ふたり》の君非《な》し、民に両《ふたり》の主《あるじ》なし。率土《くにのうち》の兆民《おおみたから》は王《きみ》を以て主《あるじ》となす。（略）

十三に曰く、諸《もろもろ》の官に任《よさ》せる者は、同じく職《つかさ》掌《こと》を知れ。（略）

十四に曰く、群卿百寮《まえつきみたちつかさつかさ》、嫉《うらや》み妬《ねた》むこと有る無かれ。（略）

十五に曰く、私を背《そむ》きて公に向《おもむ》くは、是れ臣が道なり。（略）

十六に曰く、民を使ふに時を以てするは、古の良き典《のり》なり。（略）

十七に曰く、それ事は独り断《さだ》むべからず。必ず衆《もろもろ》と論《あげつら》ふべし。（略）

十にいう。心の怒りを絶ち、顔色に怒りを出さぬようにし、人が自分と違うからといって怒らないようにせよ。人は皆それぞれ心があり、お互いに譲れないところもある。（略）

十一にいう。官人の功績・過失ははっきりと見て、賞罰は必ず正当に行え。（略）

十二にいう。国司や国造は百姓から税をむさぼってはならぬ。国に二人の君はなく、民に二人の主《あるじ》はない。国土のうちのすべての人々は、皆王《きみ》（天皇）を主《あるじ》としている。（略）

十三にいう。それぞれの官に任ぜられた者は、みな自分の職務内容をよく知れ。（略）

十四にいう。群臣や百寮はうらやみねたむことがあってはならぬ。（略）

十五にいう。私心を去って公につくすのは臣たる者の道である。（略）

十六にいう。民を使うに時をもってするというのは、古《いにしえ》の良い教えである。（略）

十七にいう。物事は独断で行ってはならない。必ず衆と論じ合うようにせよ。（略）

訳文：『日本書紀（下）全現代語訳』宇治谷孟（講談社）

第二回遣隋使派遣

「日出ずる処の天子」に潜む巧みな外交

小野妹子を遣隋使として派遣

第一回の遣隋使派遣で隋との格差を知った聖徳太子は、冠位十二階の制定から始まり、朝礼の整備、憲法十七条の制定と、近代国家を作り上げるための諸改革を実施してきた。推古一五（六〇七）年、聖徳太子は日本がようやく国際社会に引けをとらない水準に達したと判断。小野妹子《おののいもこ》を使者に立て、第二回遣隋使を派遣した。

この時、聖徳太子は一つの確固たる信念をもっていた。従来と同じく冊封《さくほう》体制下に置かれた属国という立場では意味がないと、対等外交にこだわったのである。

その思いは遣隋使の小野妹子に持たせた国書《こくしょ》からもうかがえる。「日《ひ》出《い》ずる処《ところ》の天子《てんし》、書《しょ》を日没《ひぼっ》する処の天子に致《いた》す、恙無《つつがな》きや」で始まる国書には、隋と対等の立場を築こうとする聖徳太子の意志がはっきりと現れている。

この国書が「蛮夷《ばんい》の書、無礼《ぶれい》なり」と隋の煬帝《ようだい》の逆鱗《げきりん》に触れたというのは有名な

遣隋使の航路

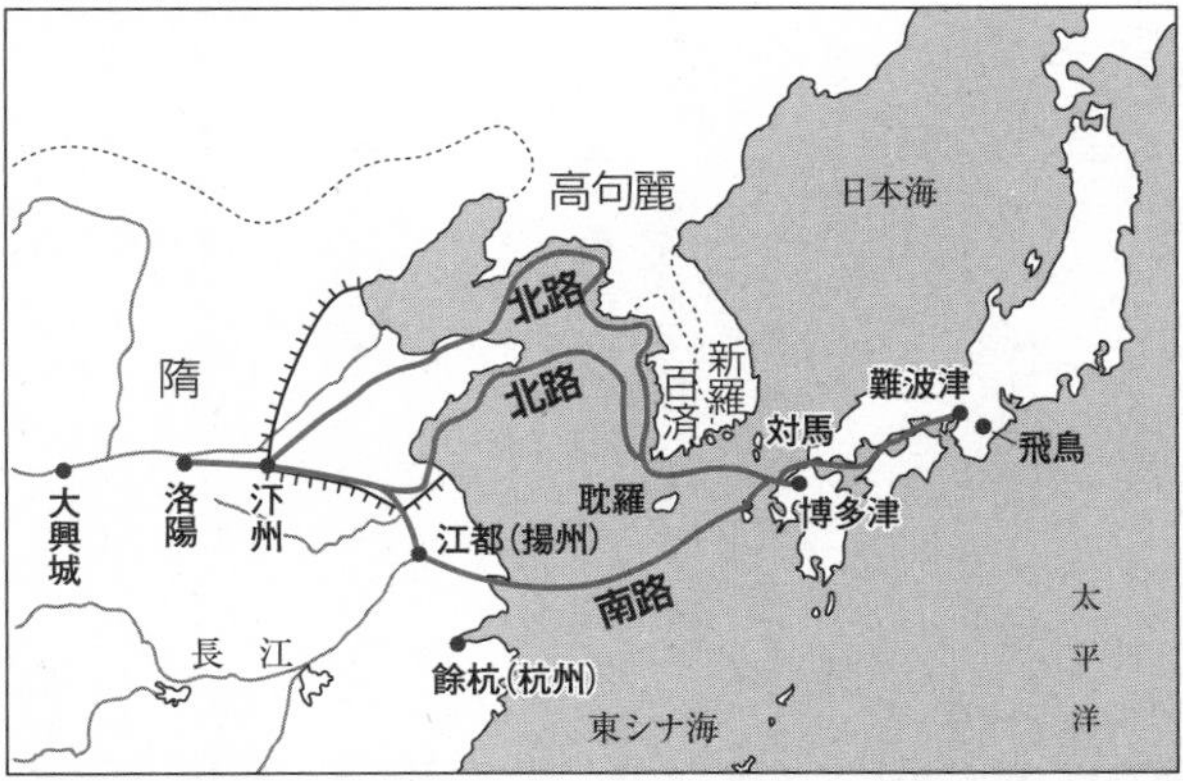

遣唐使の航路から推測すると、遣隋使の航路には、難波津を経て揚州を通り、洛陽に至る南路と難波津を出て朝鮮半島沿いに進む北路があったと考えられる。参考：『図説日本の歴史３ 古代国家の繁栄』（集英社）

話である。この煬帝の怒りの原因は、日本を「日出ずる処」つまり太陽が昇る国と表現したのに対し、隋を「日没する処」太陽が沈む国と表現して日本の優越を示そうとしたためであると歴史教育で教えられてきた。また、「致す」という対等表現を使ったことも怒りを買った要因とされてきた。

　しかし、「日出ずる処」「日没する処」という表現は単に、中国から見たときの西と東という方位を示したにすぎない。また、致すという表現も他国の国書でも見られる表現であることから、これらに対して煬帝がことさら怒りをあらわにしたとも考えにくい。

問題はむしろ天下の最高位である天子という言葉を日本の側でも使っていることにある。日本の王も自らを「天子」と称したという点が煬帝の怒りを買ったのだ。

●情報を制した聖徳太子の強気外交

出だしからつまずいたかに見えた遣隋使。ところが事態は意外な方向に展開していく。煬帝は激しい怒りをあらわにしたにもかかわらず、使者・裴世清《はいせいせい》を遣わして日本と国交を結ぶ道を選んだのである。その背景には隋側の事情があった。

この頃、隋は高句麗の攻略に着手していた。しかし、この政略は煬帝の思うようには進展していなかった。そのため、当時隋が何より恐れたのは日本が高句麗と結託することだったのだ。隋としては、日本を味方に引き入れておくためにも、日本と国交を樹立させておきたいという思惑があったのだろう。

聖徳太子はこの隋の情勢を、師である高句麗僧・慧慈《えじ》らから事前に入手していた可能性が高い。大国の隋に強気な態度で対等外交に臨めた理由はここにあった。これが事実であれば聖徳太子は外交戦略に秀でた、したたかな人物だったといえる。

隋の勢力拡大

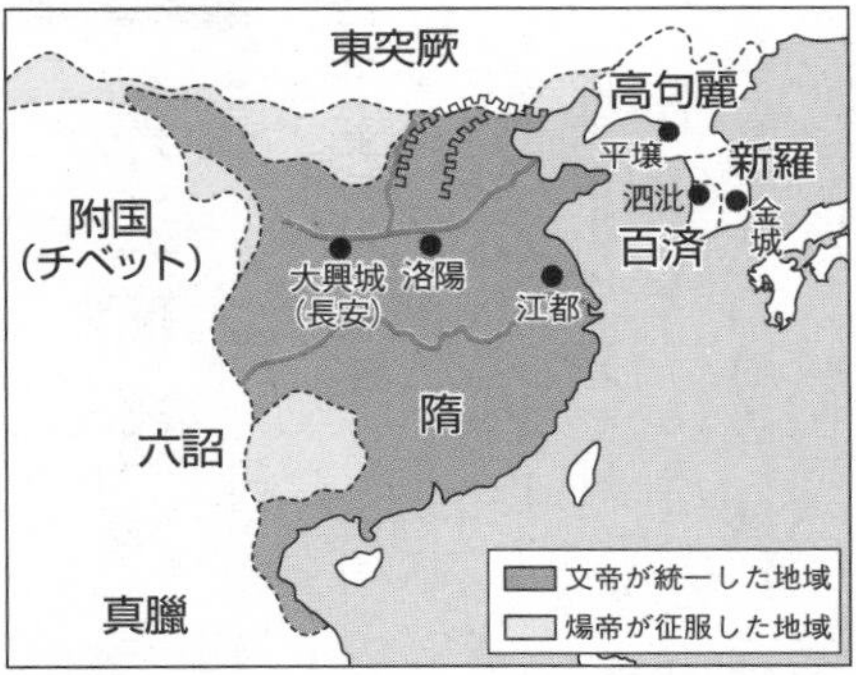
東突厥
高句麗
平壌
新羅
泗沘
金城
百済
附国
(チベット)
大興城
(長安)
洛陽
江都
隋
六詔
真臘
文帝が統一した地域
煬帝が征服した地域

次に狙うは高句麗だ。そのためにも日本を邪険にしないほうが得策だ。
隋・煬帝

高句麗遠征を控えた煬帝は、日本からの無礼な手紙に憤慨しながらも日本へ返礼の使者を遣わし、国交を復活させる。

第一回高句麗遠征ルート

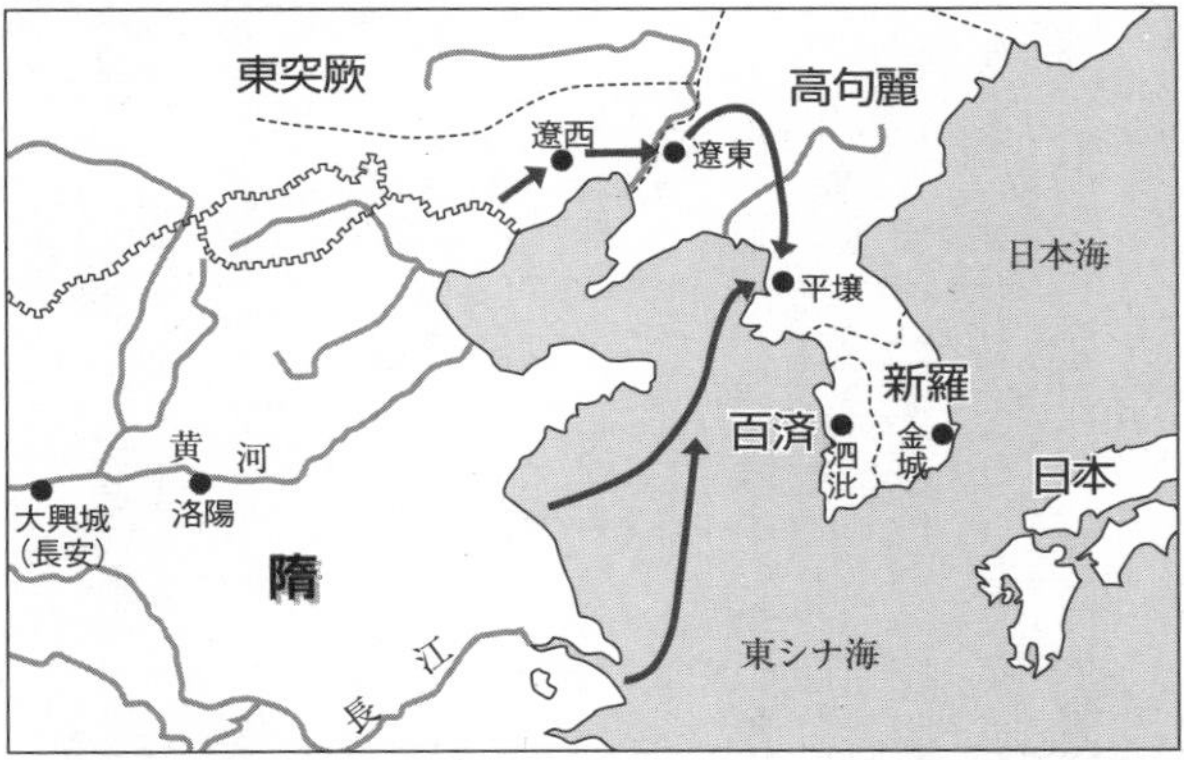
東突厥
高句麗
遼西
遼東
日本海
平壌
新羅
百済
泗沘
金城
日本
黄　河
大興城
(長安)
洛陽
隋
長　江
東シナ海

612年の隋による高句麗遠征ルート。計3回に渡る煬帝の高句麗遠征は、隋を滅亡へ導くきっかけになる。

第二回遣隋使の帰国

隋の使者に「倭王」と錯覚させた太子の狙い

男王と記された倭王

推古一六（六〇八）年、小野妹子は隋の使者・裴世清を伴い、百済から対馬《つしま》、筑紫を経て裴世清らのために新設された難波津《なにわづ》の館に滞在した後、大和に入り、海石《つば》榴市《いち》で盛大な出迎えを受けた。ここに至る道中、小野妹子は煬帝から授けられた隋の国書を紛失するという不祥事を起こしている。百済で、百済人に盗まれたというのだ。これを知った朝廷では妹子に流罪《るざい》を命じるが、推古天皇が妹子の功績を重く見て不問に付している。ただし、この国書紛失の一件については妹子の自作自演だったという説もある。隋から国書をもらえなかった、または国書が日本の体面を損なう内容だったため、帰国の途中で破棄し、百済人に奪われたことにしたという。

一方、裴世清は、隋に帰国してその様子を報告した。『隋書』にはその内容が記されているが、そこには不可解な記述が見受けられる。

小野妹子帰国推定ルート

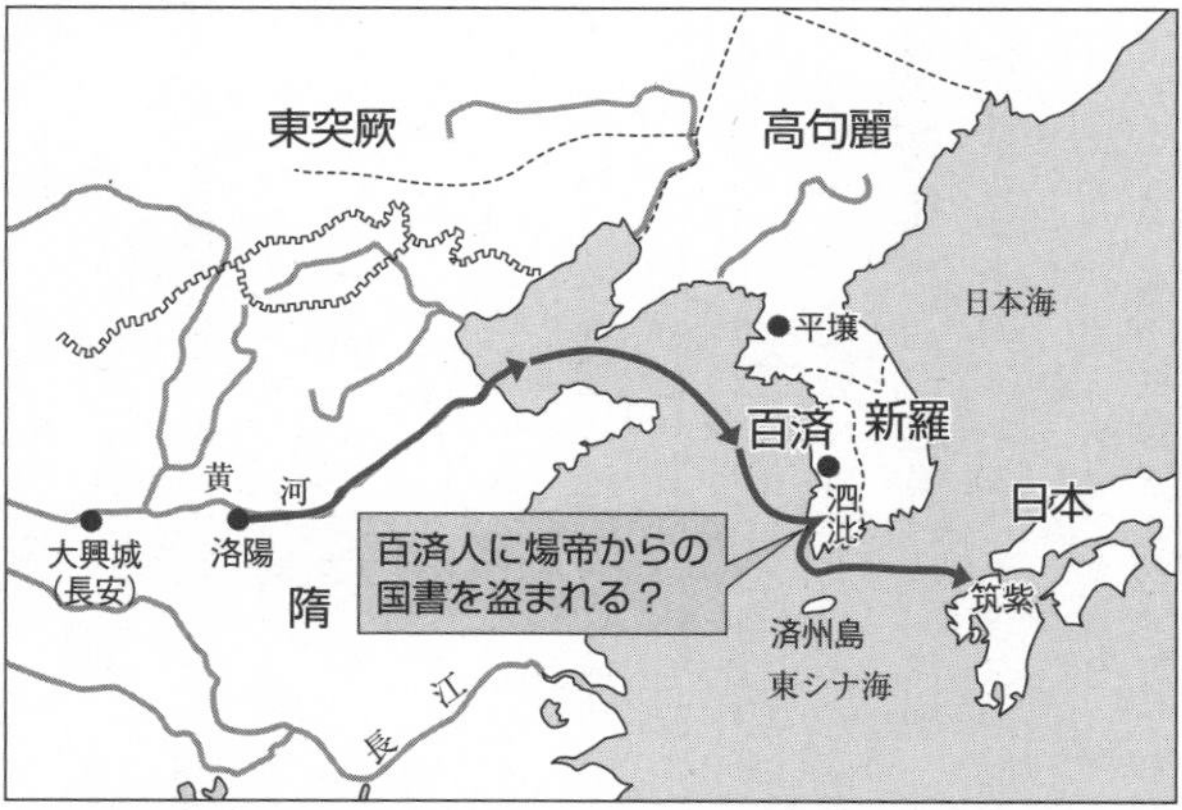

小野妹子は、隋からの使者・裴世清とともに洛陽から百済を経て済州島を眺めながら筑紫に至ったという。

コラム　小野妹子はなぜ罰せられなかったのか

国書を紛失した小野妹子は推古天皇に「正使を隋の使節の前で処罰するのは外聞が悪い」と許されている。妹子の失態はなぜかくも簡単に不問に付されたのであろうか。この疑問に対しては、妹子と聖徳太子が事前に相談して破棄したという説がある。また、先に天皇に見せていた、つまり推古天皇と妹子がもともと結託して国書を隠したとするのが黒岩重吾氏である。どちらにせよ聖徳太子、もしくは推古天皇の取りなしによって妹子は流罪を免れたのである。

当時の日本の天皇は推古女帝。ところが『隋書』には男の天皇に謁見《えっけん》したと記されている。第一回の遣隋使においても日本の天皇は男性と認識されていたが、その時は使者から伝え聞いた話であるため聞き間違いをした可能性もある。しかし今回の裴世清の場合は「その王、清（裴世清）と相見《あいまみ》え、大《おお》いに悦《よろこ》んでいわく」とあり、王と直接会ったと記されている。それにもかかわらず、以降も隋では日本の天皇は男性だと認識され続けているのである。

●外交を一手に引き受けていた聖徳太子

裴世清が直接対面した天皇の性別を見間違えたとは考えられない。偽りを報告したのか、それとも別の人物と会ったのか。

もっとも無理がないのは、裴世清が謁見したのが聖徳太子だったという説である。摂政の聖徳太子は朝廷のナンバー2。外国に対して倭王と表明できる権限を持っていた可能性がある。いわば外務大臣的な役割を担っていたというわけだ。

聖徳太子が外交で表に出てきた理由に、中国と日本の習慣の違いに起因するという説がある。中国の皇帝は通常使者と直接謁見するが、日本では天皇は姿を現さな

裴世清の倭国訪問ルート

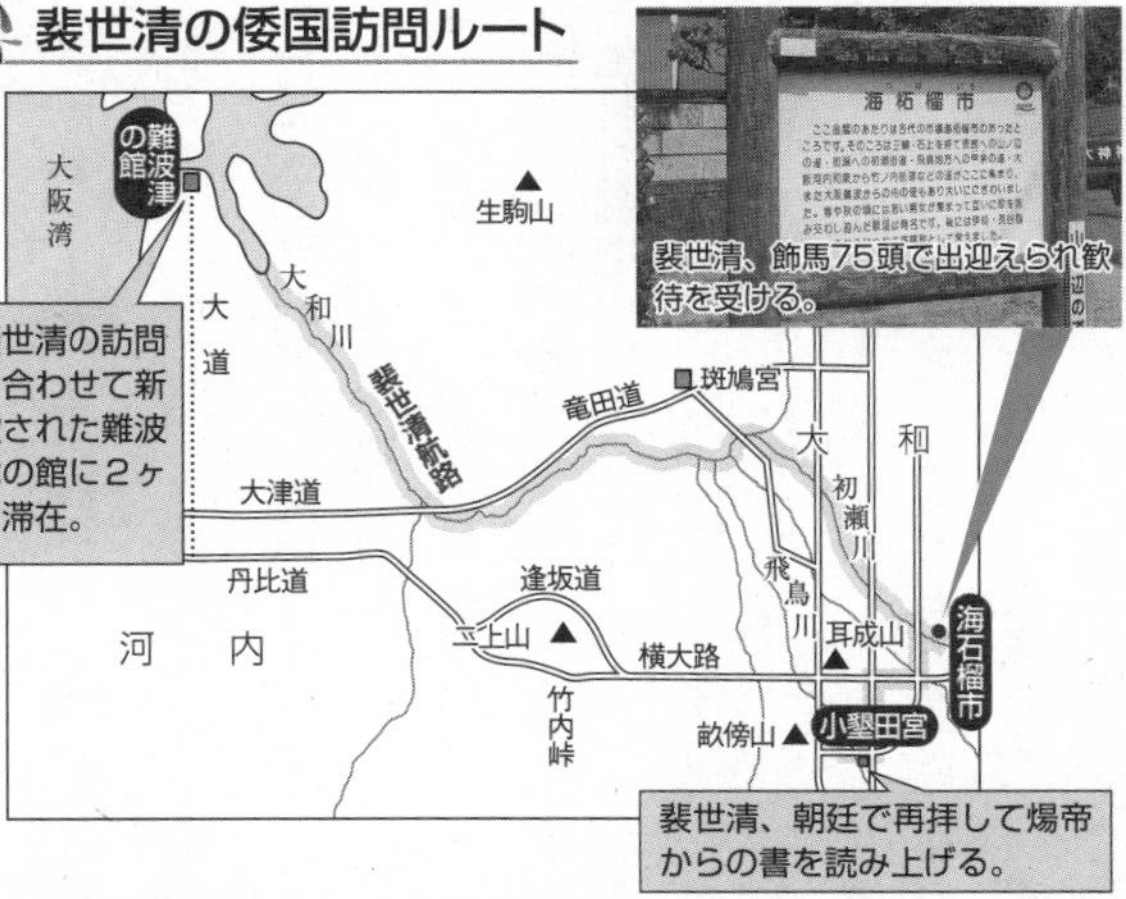
大阪湾
難波津の館
裴世清の訪問に合わせて新設された難波津の館に2ヶ月滞在。
大道
大和川
裴世清航路
生駒山
海石榴市
裴世清、飾馬75頭で出迎えられ歓待を受ける。
竜田道
斑鳩宮
大和
初瀬川
大津道
丹比道
逢坂道
飛鳥川
河内
二上山
横大路
耳成山
海石榴市
竹内峠
畝傍山
小墾田宮
裴世清、朝廷で再拝して煬帝からの書を読み上げる。

約5ヶ月の倭国滞在の後に、帰国した裴世清の報告によると、彼は日本で倭王に謁見したとしている。

いのが礼儀であった。そうとは知らない裴世清は外交の折衝役《せっしょうやく》である聖徳太子を倭王とみなしたのではないだろうか。

日本側が意図的に女帝の存在を隠したという性的配慮説もある。女性の君主を認めない中国の風潮を考慮して、女帝の存在を隠したというのだ。

女帝では不都合だったのか、天皇が前面に出るのが不都合だったのかは定かではないが、その結果、聖徳太子が外交政策において重要な役割を担ったのは間違いないだろう。

斑鳩造営

政治の中心地・飛鳥からなぜ突然離れたのか

斑鳩へ突然転居した理由とは

推古天皇のもと、飛鳥の地で政治家として活躍していた聖徳太子。ところが推古九(六〇一)年、飛鳥を遠く離れた斑鳩《いかるが》に新しく宮を造営し始め、四年後には転居してしまう。聖徳太子が転居した宮は斑鳩宮と呼ばれ、今の夢殿《ゆめどの》がある法隆寺東院《とういん》伽藍《がらん》付近はその跡地である。

聖徳太子は摂政かつ皇太子であり、天皇のそばにいて補佐するのが道理である。それが飛鳥から直線距離にして一六キロも離れた斑鳩の地に突如移ってしまうのだ。この突然の転居の理由について、じつに多くの謎解きが試みられてきた。

ひとつは蘇我馬子との対立である。初めこそうまくいっていた二人の関係も、時を経て政治、外交などの諸政策において意見が食い違うことが多くなり、蘇我氏の勢力圏から逃れるために斑鳩へ移ったとする見方だ。

難波津と飛鳥の間に位置する斑鳩

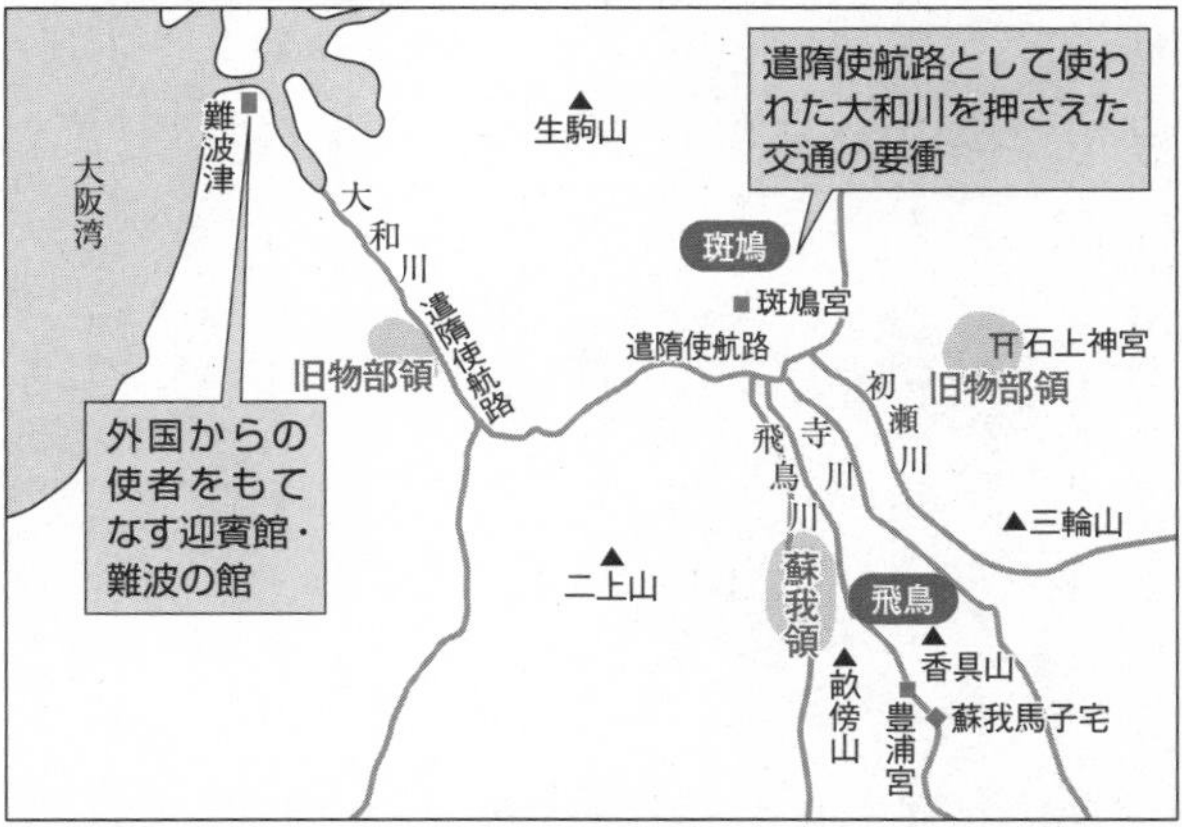
遣隋使航路として使われた大和川を押さえた交通の要衝
生駒山
難波津
大阪湾
大和川
遣隋使航路
斑鳩
斑鳩宮
遣隋使航路
石上神宮
旧物部領
旧物部領
初瀬川
寺川
飛鳥川
外国からの使者をもてなす迎賓館・難波の館
三輪山
二上山
蘇我領
飛鳥
香具山
畝傍山
豊浦宮
蘇我馬子宅

聖徳太子は、大陸との窓口である難波津と政治の中心地・飛鳥の間に外交の要として斑鳩宮を造営した。

さらに、聖徳太子が斑鳩の地を反蘇我の拠点とした可能性も考えられる。聖徳太子と同時代の二人の人物が埋葬されていた藤ノ木《ふじのき》古墳の被葬者《ひそうしゃ》の一人を蘇我馬子に殺された穴穂部皇子《あなほべのみこ》と比定《ひてい》すれば、斑鳩は蘇我氏と対立した勢力の拠点だったとみることもできるのだ。

その他に六〇一年という年は古来、革命が起こるとされた辛酉《しんゆう》の年にあたり、それに基づき上宮《かみつみや》から遷居したという説もある。

水陸交通の要衝だった斑鳩

一方、近年有力視されているの

が、外交政策の要《かなめ》となる水陸交通の要衝《ようしょう》の確保を目的としたという説である。斑鳩は大和川《やまとがわ》沿いに位置し、陸路も大和と河内《かわち》を結ぶ竜田道《たつたみち》に近く、難波津にいたる最短の道を押さえている。

飛鳥─逢坂《おうさか》─難波─百済という蘇我氏の勢力圏である旧来の逢坂越えルートとは異なる、斑鳩─高井田《たかいだ》─難波─新羅─隋という難波への最短路線の竜田越えルートの構築が念頭にあったともいわれている。

広く東アジアに目を向けていた聖徳太子は、今後、隋との交渉をスムーズに行なうためにも、要衝の確保が急務だと考えたのではないだろうか。

しかも、好都合なことにこのあたりを勢力基盤としていた物部氏の滅亡で、この地が空白地帯となっていたため、開発しやすかったという一面もあったようだ。

こうして聖徳太子が造営した斑鳩宮は外交の玄関口となった。難波津は七世紀には外国の使者が発着する国際港となり、斑鳩のそばの竜田道は外国の使者が必ず通る重要な道となったのかもしれない。

しかし、実際にはこの説のように斑鳩宮に外国使節が立ち寄ったとする史料はなく、造営の謎は解明できていない。

法隆寺東院伽藍

斑鳩宮はこのあたりにあったといわれる。左が舎利殿、右に少し見えるのが夢殿。

竜田越えルートと逢坂越えルート

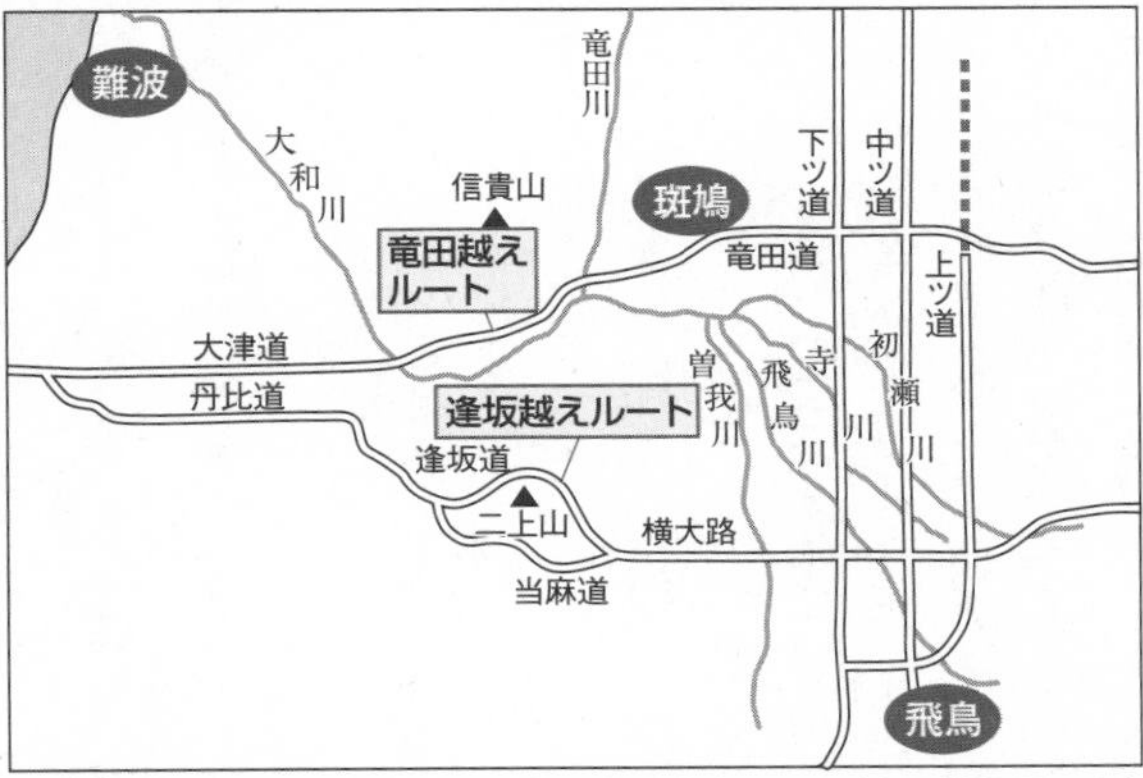

聖徳太子の斑鳩移住は、外交・物資輸送の独自ルート（竜田越えルート）の開発も目的のひとつとして挙げる説もある。

第二章
聖徳太子の事績

太子道

碁盤目状の計画都市を可能にした「すじかい道」

聖徳太子が飛鳥へと通った太子道

聖徳太子が斑鳩の地に移ると決めてから、斑鳩には宮や寺が立ち並び、交通も整備されていった。現在の斑鳩と飛鳥の間には聖徳太子が馬に乗って両地を往復したという伝承が残る太子道《たいしみち》と呼ばれる道が存在する。

太子道とは現在の奈良県磯城郡田原本町《しきぐんたわらもとちょう》から三宅町《みやけちょう》にかけて西に約二〇度振って直線に走る道。「斜め」という意味で「すじかい道」とも呼ばれている。一三世紀の『古今目録抄《ここんもくろくしょう》』には聖徳太子が「須知迦部路」を造ったと記されている。

現在では三キロ程度の道だが、数々の遺構から橿原市新賀町《かしはらししんがちょう》付近までは伸びていたことが判明しており、当時は飛鳥と斑鳩とを最短距離で結ぶ道だったのだろう。

この太子道が飛鳥時代に作られたことを裏づける史料はないが、太子道や聖徳太子が建設したとされる寺社や宮の遺構を見てみると、ある事実が浮かび上がる。

斑鳩と飛鳥を結ぶ太子道

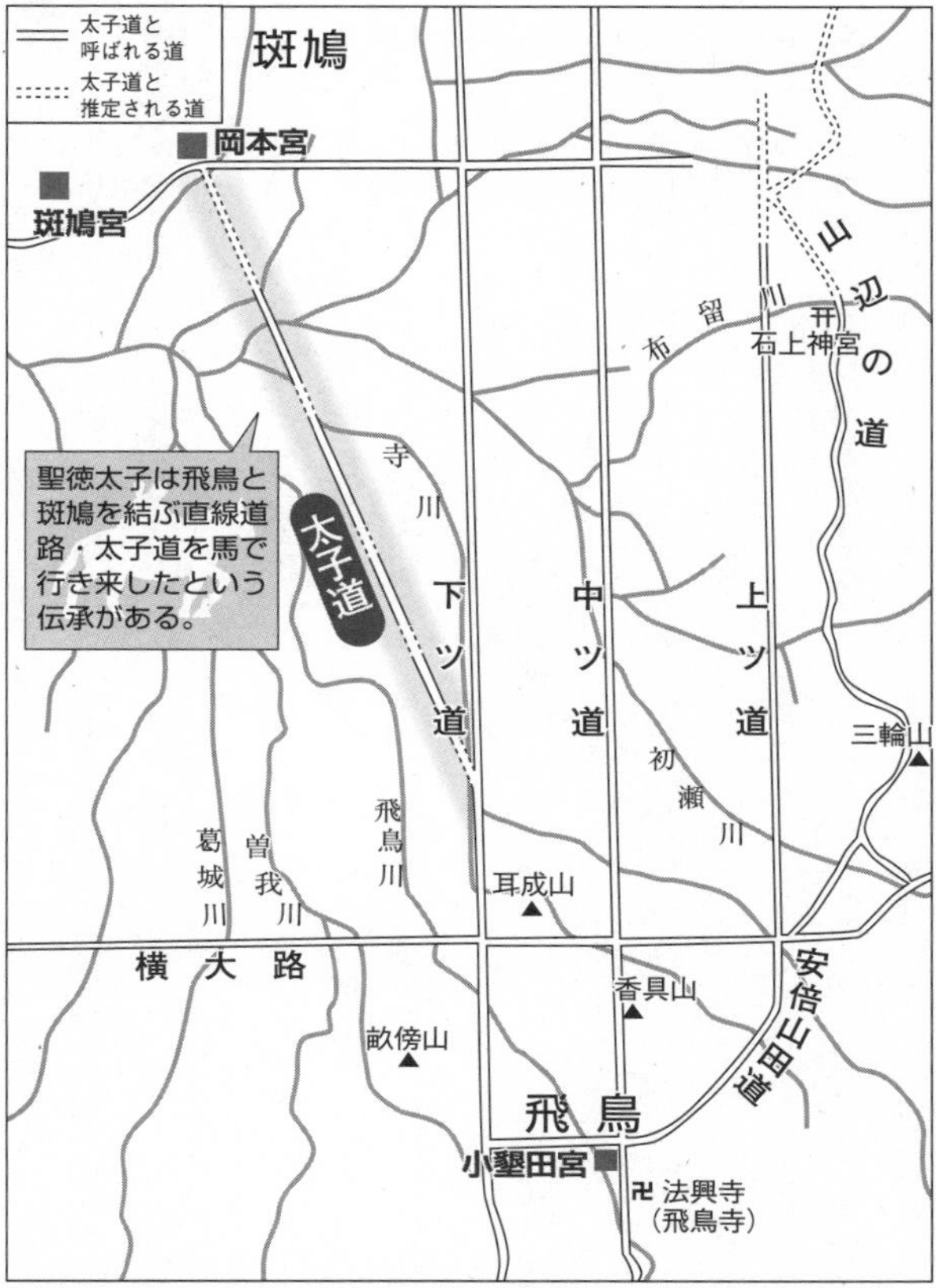

太子道は「すじかい道」とも呼ばれ、竜田道から下ツ道へと斜めに結ばれた直線道路は飛鳥と斑鳩を最短距離で結んでいた。

斑鳩宮（現・法隆寺東院伽藍）、斑鳩寺（現・若草伽藍跡《わかくさがらん》）や岡本宮《おかもとみや》（現・法起寺《ほっきじ》）など当時斑鳩の町を構成した建物は全て太子道と同じ真北より西に約二〇度振った方位を示しているのである。さらに、法隆寺付近の道や水路にもこれと同じ方位の名残が見られるという。

これらの事実により、飛鳥時代のほぼ同時期につくられたものだという仮定が成り立つ。そして、この方位の一致から、聖徳太子による計画的な都市づくりが推定できるのだ。つまり、斑鳩はわが国初の碁盤目状《ごばんのめじょう》の区画割りを用いた計画都市だった可能性がある。

現在の法隆寺近くの道路や水路などを左図のように辿《たど》っていくと一辺約九〇メートル、または約一〇六メートルの碁盤の目が浮かび上がる。太子道はこの条里地割《じょうりじわり》に先行する直線道だったに違いない。ただし、道の方位が西に二〇度振れている理由については不明である。

計画都市を可能にした秦河勝の存在

この仮定が正しいとすると、聖徳太子はのちの平城京《へいじょうきょう》などの原形となる、近代

斑鳩宮道路計画の復元（部分）

法隆寺周辺の斑鳩宮や若草伽藍の中軸線の方位にほぼ等しい西に20度振れる方位の道路や小川、水路、発掘で明らかになった斑鳩道路計画の痕跡。

的な宮城《きゅうじょう》建設を実行していたことになる。

この都市計画を可能にしたのが、聖徳太子のブレーンである秦河勝《はたのかわかつ》の存在だと考えられる。

渡来系の秦氏は、決壊《けっかい》のおそれのある葛野川《かどのがわ》（桂川《かつらがわ》）の造成を手がけたことでも知られ、のちに琵琶湖畔《びわこはん》などにも進出して水田開発や養蚕《ようさん》などの事業を推進した、土木工事のプロ集団である。

側近・秦河勝の技術力と聖徳太子の発想力が結び付き、わが国初の計画都市の施行を可能にしたのであろう。

第二章
聖徳太子の事績

『天皇記』『国記』の編纂

『日本書紀』の骨格を作った蘇我馬子との共同事業

聖徳太子が作った神話のベース

『日本書紀』は推古二八（六二〇）年に聖徳太子と蘇我馬子が『天皇記《てんのうき》』と『国記《こっき》』の編纂に取り掛かったことを伝えている。

両書はのちに蘇我蝦夷《えみし》の死に際し、火をつけられるが、『国記』は船史恵尺《ふねのふびとえさか》が火中から取り出して中大兄皇子《なかのおおえのみこ》に献上したと伝えられる。

『天皇記』は六世紀前半の『帝紀《ていき》』と同じ類のもので、天皇の系譜を記したものと推定されている。歴史学者の黛弘道氏によると、神武《じんむ》天皇など伝説的な天皇が登場したのはこの『天皇記』が最初ではないかという。

一方、『国記』は国の歴史を記した『日本書紀』のベースになった書物である。小椋一葉氏は『夢殿の闇』（河出書房新社）の中で、神話を聖徳太子が、それ以降の時代については馬子が担当したのではないかと推測している。神話に注目してい

『天皇記』『国記』の行方

飛鳥川
雷丘
豊浦宮
甘樫丘
645年、乙巳の変で中大兄皇子らに邸宅を包囲された蘇我蝦夷が『天皇記』『国記』に火を放つ。
飛鳥板蓋宮
嶋宮

『天皇記』

乙巳の変で焼失したため内容は不明だが、天皇の正統性を示す天皇の系譜が記されていたのではないかとされている。

『国記』

日本の国の歴史が記された書。『日本書紀』のもととなった書であるとされている。

620年　聖徳太子、蘇我馬子とともに編纂に着手する。
↓　622年聖徳太子没
蘇我馬子が編纂を引き継ぐ？
↓　626年蘇我馬子没
『天皇記』『国記』、蘇我家私宅にて管理される。
↓　645年乙巳の変
645年　蘇我蝦夷(馬子の子)、『天皇記』『国記』に火を放って没する。
↓
船史恵尺が火中から『国記』を取り出して中大兄皇子に献上する。

聖徳太子没後、蘇我氏によって管理されていた２つの史書。『天皇記』は乙巳の変の折に焼失したが、『国記』は船史恵尺の手で救われ蘇我氏を滅ぼした中大兄皇子の手に渡っている。

た聖徳太子が皇祖アマテラスの系譜を形作り、蘇我馬子が蘇我氏の先祖である武内宿禰《たけうちのすくね》が活躍した応神《おうじん》天皇以降の時代の記述に注力するなど、それぞれ意図をもって取り組んだのだろうとしている。

両書を創作した目的は天皇を頂点とした支配体制の強化である。『天皇記』で神話から続く天皇の正統性を、『国記』で天皇の支配系統を明確にすることを意図していた。二書の編纂は、天皇を中心とした集権国家の実現を目ざした聖徳太子の集大成ともいえる事業だったのである。

コラム

聖徳太子ゆかりの寺②

達《だる》磨《ま》寺《じ》

聖徳太子と達磨大師が出会った場所と伝わる問答石。

アクセスデータ
JR関西本線王寺駅から白鳳台方面行きバスで４分、張井下車すぐ

『日本書紀』によると、推古21（613）年、聖徳太子が片岡《かたおか》山《やま》を通りかかると、一人の飢人《きじん》に出会う。この時聖徳太子はこの飢人に食物を与え、服をかけてやる。その後、聖徳太子が飢人を心配して使いをやると、すでに飢人は亡くなっていた。これを悲しんだ聖徳太子はその場に飢人を埋葬する。後世、この話の飢人が実は達磨大師《だるまだいし》の化身だったという伝説が広がる。奈良県王寺町《おうじちょう》にある達磨寺は推古天皇の発願で聖徳太子が葬った片岡飢人の墓の上に立てたお堂が前身とされる。この達磨寺には、まるで問答をしているかのように本堂西側にふたつの石が設置されている。この石が、それぞれ「達磨石」、「太子石」と呼ばれる問答石である。このうち、「太子石」は、聖徳太子が達磨大師に声をかけた場所とされている。

第三章

聖徳太子と仏教

法興寺

百済の影響を受けた一塔三金堂の本格寺院

聖徳太子も加わった法興寺創建

奈良県明日香《あすか》村にある飛鳥寺《あすかでら》は、かつて法興寺《ほうこうじ》と呼ばれ、蘇我《そが》氏の氏寺《うじでら》として創建された。法興寺は日本初の本格寺院にして、推古《すいこ》朝最大の規模を誇った寺院である。

蘇我馬子《うまこ》は、物部《もののべ》氏を滅ぼすと、さっそく寺院建立の許可を得て法興寺の造営に着手した。崇峻《すしゅん》元（五八八）年には真神原《まかみがはら》の地を寺地に定めたが、この場所選びには馬子のほか、十五歳の聖徳太子《しょうとくたいし》も関わっていたと伝わる。

崇峻三（五九〇）年、馬子は百済《くだら》の技術者たちの協力を得て、造営に必要な材木を切り出し、崇峻天皇暗殺を挟んだ推古四（五九六）年、八年がかりで法興寺を完成させている。完成後、法興寺には高句麗《こうくり》僧の慧慈《えじ》と百済僧の慧聡《えそう》が居住した。この二人に師事した聖徳太子は、この寺に通って教えを受けていたのだろう。そう考

飛鳥寺（法興寺）

飛鳥寺（法興寺）は、日本初の本格的寺院として蘇我氏によって建立された。

えると聖徳太子の仏教研鑽《けんさん》は蘇我馬子の支援を受けて行なわれたとも言える。

高句麗仏教と百済仏教

　この法興寺は昭和三一（一九五六）年に始まった発掘調査で、その特異な伽藍配置《がらんはいち》が話題になった。塔を中心に、中金堂《ちゅうこんどう》、東金堂《とうこんどう》、西金堂《さいこんどう》を配した一塔三金堂《いっとうさんこんどう》という、日本の寺院ではきわめて珍しい形式であることが判明したのだ。さらにこの伽藍配置は、高句麗の清《せい》岩里廃寺《がんりはいじ》と類似していたことから、高句麗仏教との関わりが指摘されていた。

百済との関係の深さが取り沙汰《ざた》されることの多い馬子だが、確かに、高句麗とも接点を持っているのだ。馬子は敏達《びだつ》一三（五八四）年に二体の仏像を入手した際、それを祀《まつ》るために、司馬達等《しばたっと》の娘・島《しま》らを出家《しゅっけ》させて尼僧《にそう》とし、仏殿に仏像を安置している。これを指示したのが播磨国《はりまのくに》にいた高句麗出身の還俗僧《げんぞくそう》・恵便《えべん》であった。こうした関係から、恵便が高句麗における寺の形式を、馬子に伝授したとしても不思議ではない。

その一方で、百済の影響も無視できない。そもそも法興寺創建に当たっては、百済の技術者を使っており、祀った仏舎利《ぶっしゃり》も百済からもたらされたものなのだ。仏舎利埋納《まいのう》の日には馬子らは百済の服を着て参列しているという記述も見られる。百済との結びつきがこれほど強ければ、寺院の伽藍配置も百済に倣《なら》ったと考えるのが妥当だろう。しかし、これまで百済で一塔三金堂の伽藍配置を持った寺院が発見されていなかったため、法興寺の伽藍配置と百済とを関連付けることができなかった。

ところが平成一九（二〇〇七）年、法興寺のモデルとして百済の王興寺《おうこうじ》説が浮上し、膠着《こうちゃく》していた議論に一石を投じている。

清岩里廃寺(高句麗)
王興寺(百済)
法興寺

日本で最初の本格的伽藍配置が見られる法興寺。飛鳥寺式とも呼ばれる独特の伽藍配置は、長年、高句麗の清岩里廃寺がモデルと考えられてきたが、2007年百済の古都・扶余で新たに法興寺に近い伽藍配置を持つ王興寺が発見された。

法興寺伽藍配置

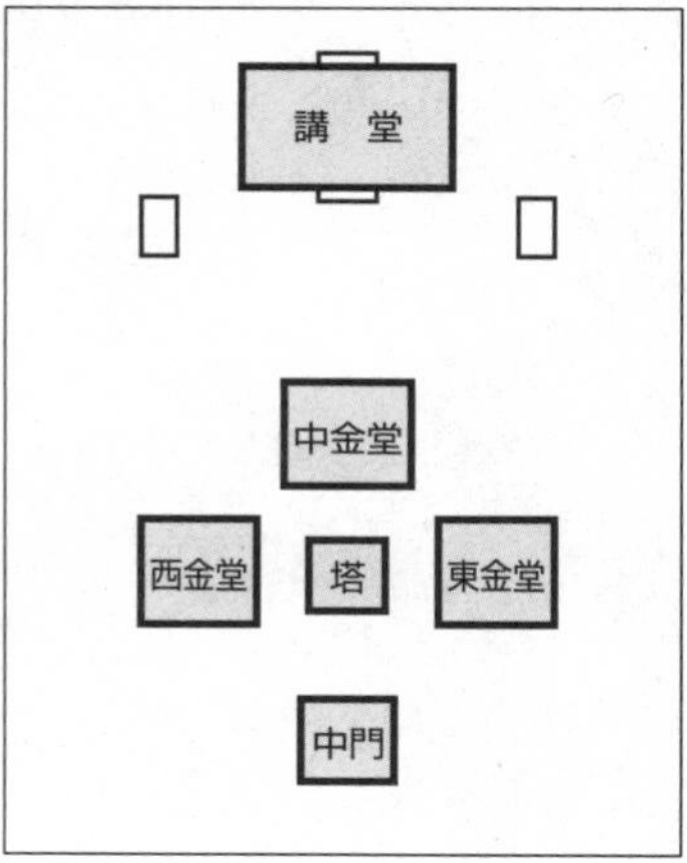
講　堂
中金堂
西金堂
塔
東金堂
中門

清岩里廃寺伽藍配置(高句麗)

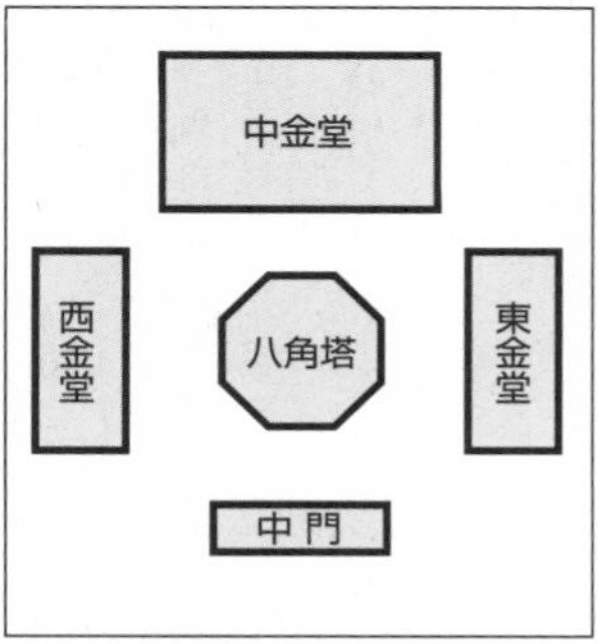
中金堂
西金堂
八角塔
東金堂
中 門

ひとつの塔を三つの金堂が囲む一塔三金堂の形式。

王興寺(百済)

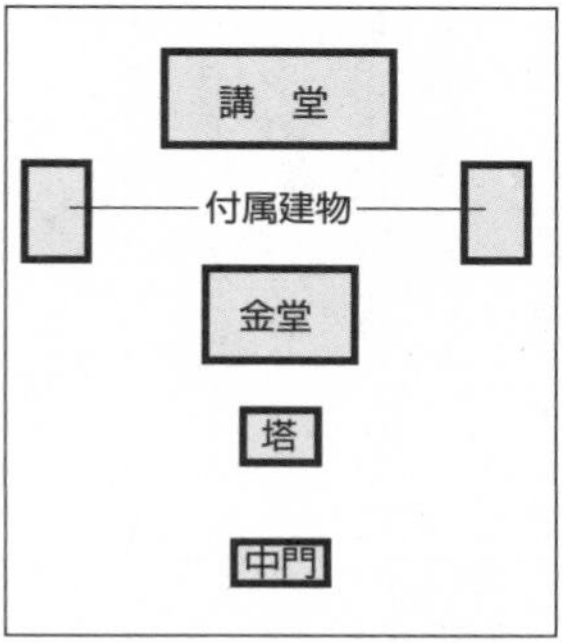
講　堂
付属建物
金堂
塔
中門

法興寺と酷似した塔の構造、装飾などからも専門家の関心を呼んでいる。

飛鳥大仏

飛鳥寺の本尊である釈迦如来像。鞍作止利により推古 17（609）年に完成した、日本最古の仏像とされる。

王興寺は、左右の付属建物を西金堂、東金堂に見立てると、法興寺の伽藍配置との共通点を見出せる。

また、塔の構造や出土品なども法興寺とよく似ている。さらに、六〇〇年以降と考えられていた王興寺の創建が、法興寺の造営以前の五七七年ということが判明したのだ。

その他にも百済の寺からは同形式の寺院がいくつか発掘されており、現在は、法興寺が百済の仏教寺院をモデルに建立された可能性が高まっている。

四天王寺

仏教精神を実践する場「四箇院の制」の創設

聖徳太子が戦勝祈願して建立した寺

『日本書紀《にほんしょき》』によると、聖徳太子は、蘇我・物部の戦いの際、四天王《してんのう》像を彫り、戦勝祈願をして蘇我軍を勝利に導いた。このエピソードは、聖徳太子の発願《ほつがん》で創建されたという四天王寺の創建伝承に起源があるのだろう。

『日本書紀』では、四天王寺の建立時期について二箇所記述がある。

一つは用明《ようめい》二（五八七）年で、「乱がおさまった後に摂津国《せっつのくに》に四天王寺が建てられた」というもの。もうひとつは、推古元（五九三）年に「この年、はじめて四天王寺を難波《なにわ》の荒陵《あらはか》に造りはじめた」という記述。建立年度が二つあるというのは不可解な話だが、『聖徳太子伝暦《でんりゃく》』ではこれについて、最初は難波から三キロ離れた玉造村《たまつくりむら》に建て、推古元年に現在の場所に移されたことによるとしている。

秦《はた》氏の伝承によると、玉造の四天王寺の創建には聖徳太子の側近、秦河勝《かわかつ》も協力していたという。

また、秦氏の協力のほかにも四天王寺の建立には、莫大な資金がかかったはずだ。実は、それらの資財は、朝廷が吸収した物部氏の財産の一部でまかなわれ、寺自体も物部氏の難波宅跡に建てられている。朝廷の勢力を蘇我氏と二分していた物部氏の滅亡によって、朝廷は莫大な財産を接収したのである。このことから、蘇我氏と物部氏の争いは財産を巡る争いだったという見方もある。

聖徳太子が初めて建立した四天王寺は、戦勝祈願や菩提供養《ぼだいくよう》などといった聖徳太子の個人的な理由で建てられた私寺というよりは、外交政策を意識して建てられた官寺《かんじ》的性格を帯びていたという。

当時、日本の玄関口として諸外国の使者たちを多く迎えた難波の海を見下ろす地に建っていた四天王寺は、仏教興隆のシンボルとして国内外にアピールする役割を果たしたのである。

●仏教の精神を実践した四箇院の制

四天王寺は、聖徳太子の仏教に対する根本精神が如実に表れている寺でもある。

四天王寺

かつては難波の海を見下ろしていた四天王寺も、現在では海岸線の埋め立てによって街中に位置する。

近年の発掘調査により、伽藍配置は、南門《なんもん》、中門《ちゅうもん》、五重塔、金堂、講堂《こうどう》が一直線に配された四天王寺方式と判明したが、注目すべきは四箇院《しかいん》の制が取られていたことである。四箇院の制とは、社会救済の目的で造られた四つの付属施設のこと。仏法修行の道場「敬田院《けいでんいん》」、薬を施《ほどこ》す「施薬院《せやくいん》」、病人を収容する「療病院《りょうびょういん》」、身寄りのない人や老人を収容する「悲田院《ひでんいん》」からなる。

聖徳太子は、施仏教の精神を実践する場として、四天王寺を建立し、社会救済につとめていたのだ。

四天王寺式伽藍配置

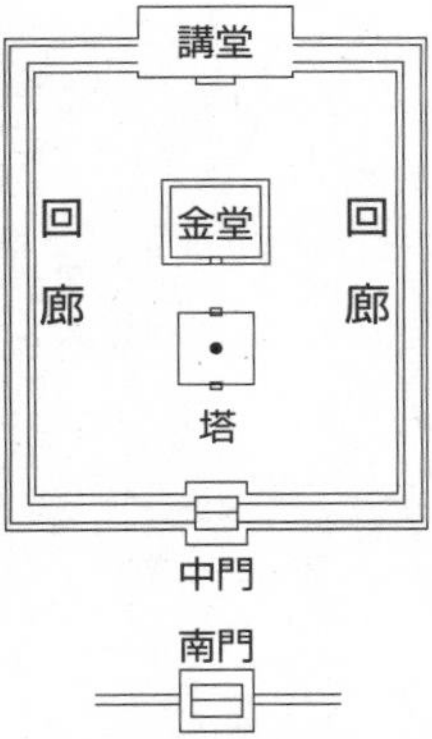

講堂、金堂、塔、中門、南門が一直線にならぶ四天王寺式伽藍配置。

四天王寺の移動

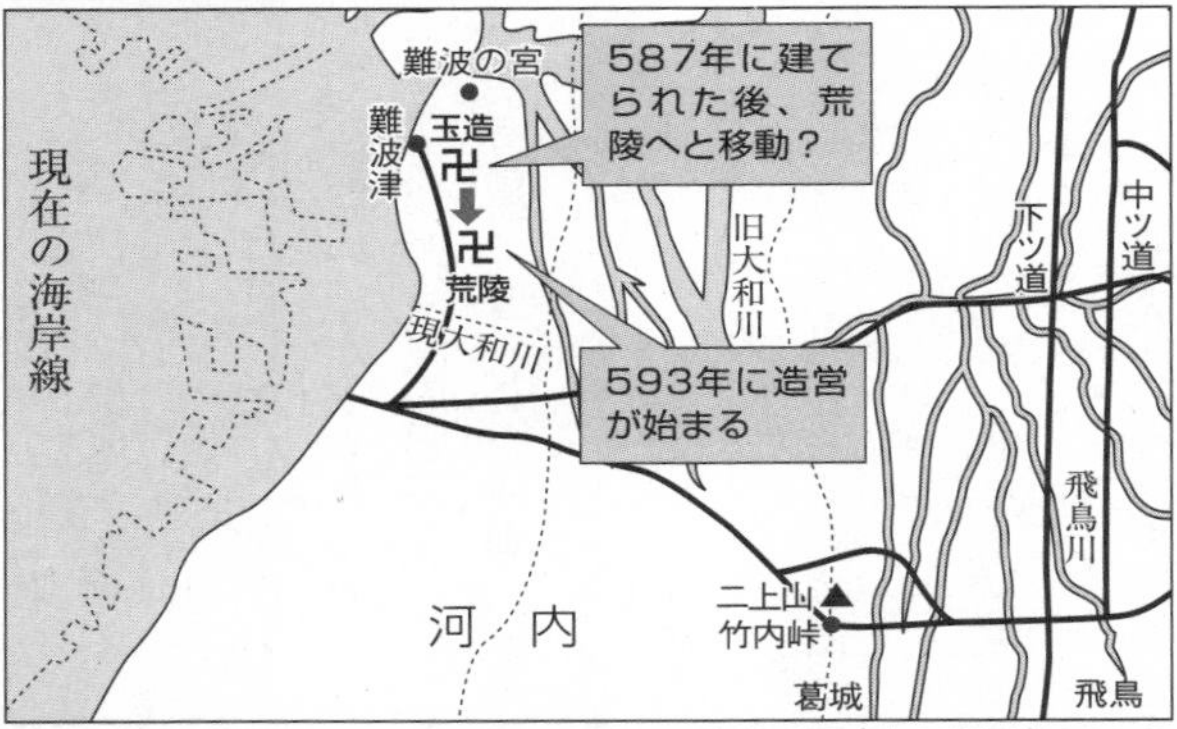

四天王寺は難波津から飛鳥へ向かう外国の使者が通る主要道路を押さえていた。

第三章
聖徳太子と仏教

斑鳩寺

聖徳太子が自らの仏教研鑽の拠点とした学問寺

父の遺命をついで建立した斑鳩寺

推古九（六〇一）年、斑鳩宮《いかるがぐう》の造営を始めた聖徳太子が斑鳩宮に続いて着手したのが斑鳩寺の建立であった。斑鳩寺は、現在、世界最古の木造建造物として知られる法隆寺《ほうりゅうじ》の前身である。四天王寺が聖徳太子発願による官寺とするならば、斑鳩寺は聖徳太子創建の私寺《しじ》の代表的存在と言える。

法隆寺の金堂・薬師如来《やくしにょらい》の銘文《めいぶん》によると、斑鳩寺は「自らの病気平癒を願った用明天皇の遺命によって、聖徳太子が完成させた」寺であり、聖徳太子が父の遺志を引き継いで建立したものという。創建時期は、銘文に推古一五（六〇七）年と記されているが、銘文自体が後世のものという疑いもあり、確かなことはわかっていない。ただし遅くとも、推古朝の間には創建されたと考えられる。

聖徳太子はこの寺を、仏教研鑽をつむ学問寺《がくもんじ》へと発展させた。天平《てんぴょう》時代に作成された「法隆寺伽藍縁起 並 流記資財帳《ほうりゅうじがらんえんぎならびにるきしざいちょう》」には、他の寺院は名称が記されているのみだが、斑鳩寺はわざわざ「法隆学問寺」と記されている。このことからも斑鳩寺には多くの学僧《がくそう》が集められ、仏教精神の探求の場となっていたことがわかる。

学問の町となった斑鳩

聖徳太子は斑鳩寺を手始めに斑鳩に次々と寺を創建し、斑鳩の地を飛鳥と並ぶ当代仏教の二大中心地に育て上げていく。飛鳥の代表寺院が飛鳥寺とすれば、斑鳩の代表寺院は斑鳩寺である。当時の仏教が学問の集合体的な要素を持っていたことを考えれば、学問を重視した斑鳩寺は紛れもなく、当時の最高学府《さいこうがくふ》といえる。

聖徳太子およびその一族は、寺院を次々と建立して、同地を学問・文化の集積地にしようと考えていたのかもしれない。こうした学術都市の創造も聖徳太子が斑鳩へと転居した目的のひとつであった可能性は十分考えられる。

また、斑鳩寺と言えば明治から昭和にかけて、話題を集めた再建、非再建論の話題に触れないわけにはいかない。これは天智《てんじ》九（六七〇）年に斑鳩寺が焼失したという『日本書紀』の記述に基づいた論争だ。

法隆寺

斑鳩町にある世界最古の木造建築物として有名な法隆寺の前身が、聖徳太子が斑鳩宮造営の次に着手した斑鳩寺である。

　斑鳩寺は焼失してから再建されたのか、焼失などしていないのか議論が続けられてきた。しかし、昭和一四（一九三九）年の発掘調査の結果、現在の西院《さいいん》部分に若草《わかくさ》伽藍《がらん》跡が発掘されたことや、近年における焼けた瓦の出土などにより、この若草伽藍が当時の斑鳩寺と判明。焼失後、七世紀、ないしは八世紀に再建されたということで一応の決着をみている。

　ただし、柱の伐採《ばっさい》年度が古すぎることや、仏像に焼けた形跡が見つからないなど謎も未だ多く残っている。

法隆寺伽藍配置と斑鳩宮、斑鳩寺の遺構

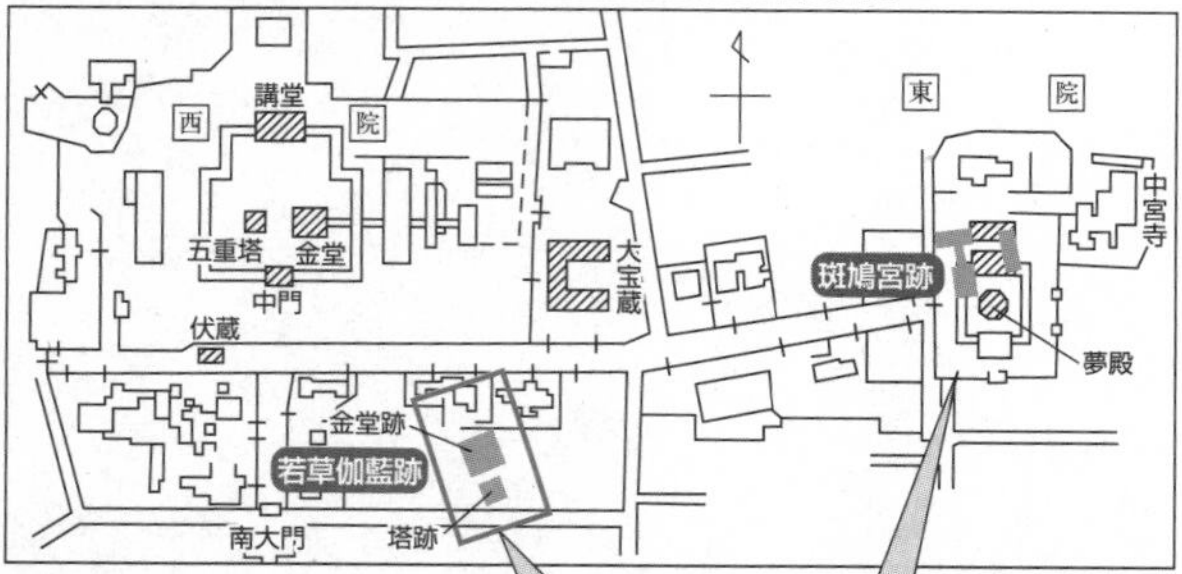

法隆寺西院から発掘された斑鳩寺の遺構とされる若草伽藍跡。
斑鳩寺は金堂、塔が一直線に並ぶ四天王寺式の伽藍配置であったが、焼失後に再建された法隆寺の位置では背後に迫る山裾の影響か、金堂と塔が横並びに配置されている。

斑鳩宮は現在の法隆寺東院にあったと推定されている。
斑鳩寺と斑鳩宮はともに真北よりも西に約20度傾いて建てられている。

コラム 法隆寺の七不思議

法隆寺には七不思議伝説が伝わる。それらは、「法隆寺には蜘蛛が巣を作らない」、「法隆寺の蛙には片方の目がない」、「法隆寺には雨だれの跡がつかない」といった迷信の様な話から、「南大門の前に鯛石という奇石がある」、「夢殿の礼盤（僧の台座）の下は旧暦一月一二日に陽を当てると汗をかく」、「五重塔の相輪になぜか鎌がささっている」、「不思議な伏蔵がありその中には財宝が隠されている」といった興味深い謎まで様々である。これらの七不思議伝説の存在は、法隆寺が古くから人々の関心を集めてきたことを表している。

第三章
聖徳太子と仏教

『三経義疏』

数ある経典の中でなぜ太子はこの三つを選んだのか

仏教の注釈書を完成

仏教に関する聖徳太子の事跡の一つとして挙げられるのが、『三経義疏《さんぎょうぎしょ》』であろう。

『三経義疏』とは、『勝鬘経《しょうまんぎょう》』、『法華経《ほけきょう》』、『維摩経《ゆいまぎょう》』の三種の経典への注釈書である。

聖徳太子がそれを完成させるに至ったのは次のような経緯があった。『日本書紀』によれば推古一四（六〇六）年、聖徳太子は推古天皇の命に応じて『勝鬘経』を講じ、さらに岡本宮《おかもとみや》で『法華経』を講じた。天皇はこの返礼として播磨国《はりまのくに》の水田一〇〇町を聖徳太子に贈り、それは斑鳩寺におさめられ、寺料《じりょう》となった。

この経典を講じた講経《こうきょう》を契機に著わしたのが『三経義疏』だと考えられている。

平安時代前期に成立したとされる『上宮聖徳太子伝補闕記《じょうぐうしょうとくたいしでんほけつき》』によれば、推古一九（六一一）年に『勝鬘経義疏』を完成させ、『維摩経義疏』は二年後に、『法華義疏』はその二年後に完成させたという。

このうち前者二つは鎌倉時代の刊本によりその内容を知ることができる。また、後者に関しては、聖徳太子の自筆《じひつ》と伝わる草稿《そうこう》が残されている。聖徳太子撰《せん》の『三経義疏』は、天平年間には飛鳥寺や法隆寺に存在し、書写され、貸し借りされた記録も残る。

数多くの経のなかでも聖徳太子はなぜこの三経を選んだのだろうか。これら三経の共通点は、出家《しゅっけ》していない在俗《ざいぞく》の信者が対象で、在俗生活のまま菩薩《ぼさつ》の道を実践していくことができると説く点にある。おそらく、在俗のままで仏教の真理を追究しようとした聖徳太子が、自身に重ねあわせ、共感したのであろう。また、勝鬘とは古代インドの王妃の名前で、在家の女性信徒であったことから、女帝の推古天皇との関わりから選んだとも考えられる。

誰が著したものか

この『三経義疏』は、本当に聖徳太子が書いたものかどうか、しばしば議論の的

聖徳太子の講経

606年 聖徳太子、岡本宮で推古天皇に『法華経』を講じる。天皇は大いに喜んで所領を授け、聖徳太子はこれを斑鳩寺に納めた。
聖徳太子に播磨国水田100町を遣わそう。
推古天皇
606年 推古天皇、聖徳太子を招き、『勝鬘経』を講じさせる。
竜田川
斑鳩
岡本宮
斑鳩宮
竜田道
太子道
馬見丘陵
高田川
葛城川
曽我川
飛鳥川
下ツ道
中ツ道
上ツ道
米川
耳成山
横大路
飛鳥
小墾田宮
飛鳥寺

推古天皇への講経は『三経義疏』執筆の契機となった。

聖徳太子が注釈した三つの経典

『法華経』	諸法実相と久遠実成を明らかにした経典とされ、古くから多くの注釈書が編まれてきた。
『勝鬘経』	3～4世紀の成立で、古代インドにあったコーサラ国の女王・勝鬘夫人が、解いた教えを釈迦が認証したもの。
『維摩経』	インドにおいて維摩居士が文殊菩薩との間に問答を展開する形で、心理への道を解き明かしていく経典。

『聖徳太子絵伝』―『勝鬘経』を講経する―

聖徳太子は斑鳩遷居後、数回にわたって講経を行なっている。
（上野法橋、但馬房／東京国立博物館所蔵）

となってきた。在俗の聖徳太子がこれほどの内容の注釈書を著わすことが可能かどうか、疑問視されているのだ。

『三経義疏』は本格的な仏教研究書である。いくら聖徳太子が抜きん出た才を持つ人物だったとしても、一人で書き著したというのは想像し難い。

そのため藤枝晃氏は『勝鬘経義疏』は中国からの輸入だと論じ、井上光貞氏は義疏の編纂は慧慈ら学僧によるもので、聖徳太子は名目上の保護者だった可能性を指摘している。それがのちの太子信仰の高まりによって、聖徳太子の事蹟になったのだろう。

ただし『法華義疏』の草稿、つまり下書きについては、東野治之氏をはじめ多くの学者によって書体、文体ともに七世紀のものであり、聖徳太子の自筆であると認められている。

つまり、聖徳太子が書いたという事実はほぼ確かであるといえる。

『法華義疏』

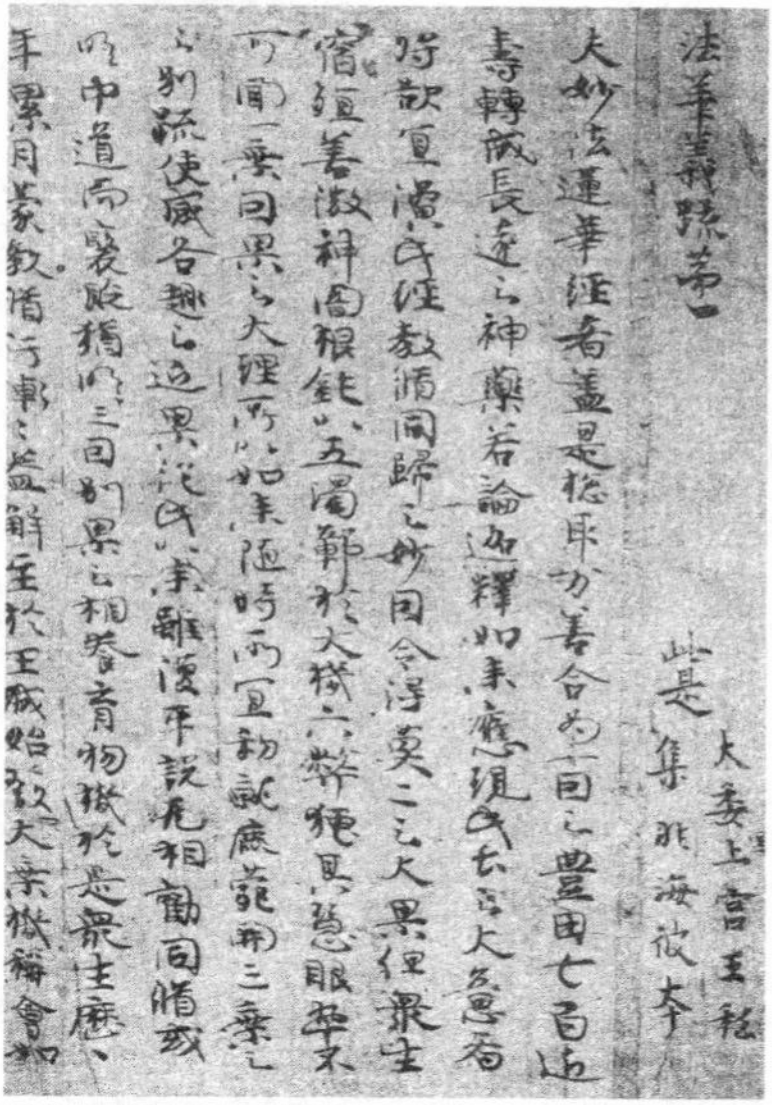
法華義疏第一
此是大委上宮王私集非海彼本

聖徳太子自筆の草稿本とされる。8世紀中頃から法隆寺に伝来し、明治期に皇室へ献上された。

他の『勝鬘経義疏』、『維摩経義疏』についても、慧慈ら周囲の人々の協力があったことは想像に難くないが、『三経義疏』は、聖徳太子自身が主体的に関わって完成させた可能性が高いといってよいだろう。

第三章
聖徳太子と仏教

夢殿

仏神と自在に交流するための瞑想の空間

解脱し瞑想にふけった八角堂

斑鳩寺の東院伽藍にある、最古の八角堂《はっかくどう》である夢殿《ゆめどの》。『聖徳太子伝暦』にはここでの数々の神秘体験が記されている。

聖徳太子は、問題が生じたり、経典《きょうてん》の解釈に悩んだりすると、夢殿に籠《こも》って瞑想《めいそう》に耽《ふけ》ったという。内部には寝台と椅子を兼ねたベッドがしつらえられてあり、時にはここで七日七晩、食事もとらず、ひとり籠ることもあったという。

『三経義疏』の執筆にあたって、経典の解釈に行き詰まり夢殿に籠ると、いつも東方から金人《きんじん》（仏）が現れて、正しい解釈を授けたとも伝わる。「夢殿」の名の由来も、夢に金人が現われたことに基づくものだ。

また、ここで聖徳太子は過去、現在、未来を自由に行き来することができたという。聖徳太子はあるとき、魂を漢土《もろこし》（現・中国）に遣《つか》わして、『法華経』を持ち帰

『聖徳太子』―脱魂する聖徳太子―

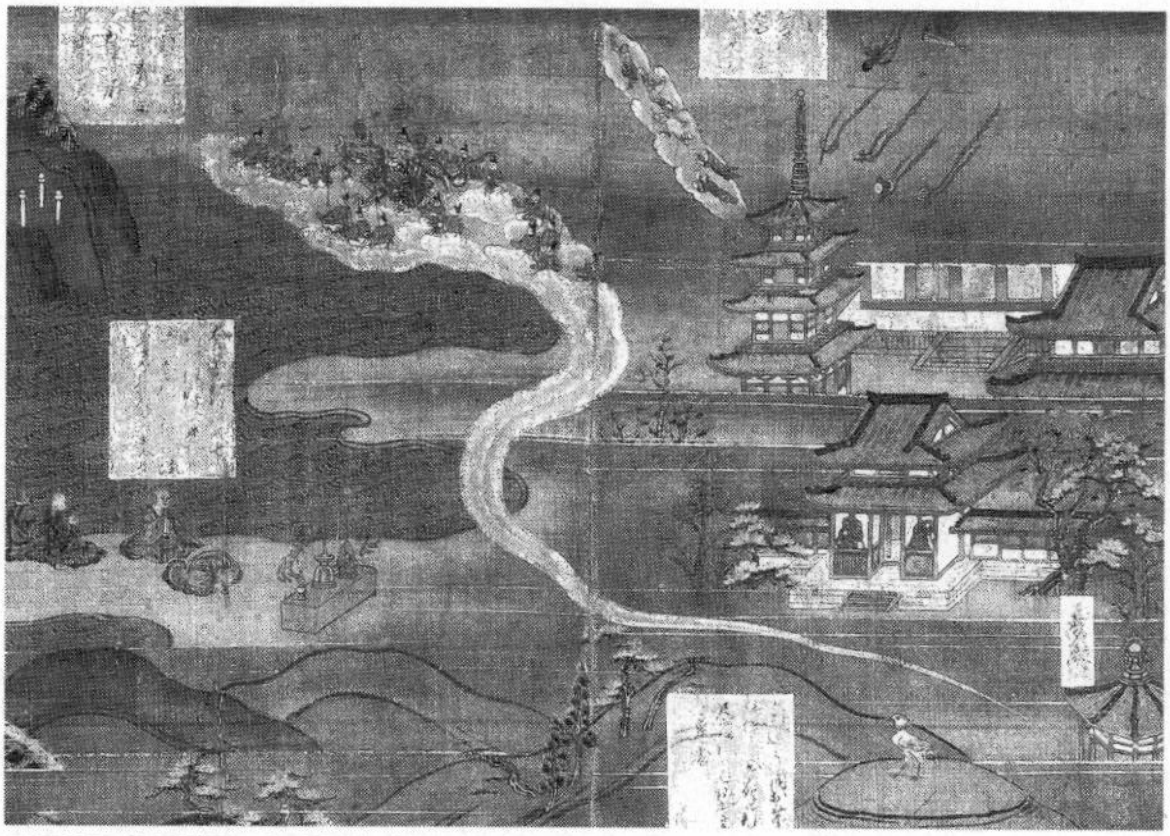

夢殿から飛翔した聖徳太子の魂は、中国へ向かった。
（橘寺所蔵／奈良国立博物館提供）

っている。

　このように、夢殿は、聖徳太子の瞑想、脱魂《だっこん》を象徴する空間であり、仏神と自在に交流するための聖域だった。

　むろん、夢殿における聖徳太子のこうした不思議な伝説は、『聖徳太子伝暦』によって作られたイメージの所産ではあるが、神秘的な聖徳太子のイメージを演出するのに重要な役割をはたしている。

　現在、法隆寺東院にある夢殿は、聖徳太子没後、行信僧都《ぎょうしんそうず》によって建てられた、一辺が四・六七メートルの八角堂である。

第三章
聖徳太子と仏教

『法華経』

在家信者のまま真理を追究する日本仏教の根本経典

●唐から取り寄せた前世経

平安時代、天台宗《てんだい》の僧・最澄《さいちょう》が広め、のちに日蓮《にちれん》によって庶民にも定着した。『法華経』はいまや日本の基本経典の一つとされるものだが、じつはこの『法華経』を日本に取り入れたのは聖徳太子なのである。

『聖徳太子伝暦』の中で『法華経』は聖徳太子の前世経《ぜんせきょう》とされ、『三経義疏』では唯一『法華義疏』のみ聖徳太子の自筆の草稿が残る。

その伝来については次のような逸話を伝えている。

ある時、聖徳太子は天皇に「私が前世で漢土におりましたとき、持っていた『法華経』がございますので隋《ずい》に使者を遣わして取りに行かせて欲しいと思います。現行の経の文字の誤りを直したいと存じます」と願い出た。

それを許された聖徳太子が遣隋使《けんずいし》に推薦した小野妹子《おののいもこ》に、「般若台《はんにゃだい》にいる僧が、

『聖徳太子絵伝』―経を取りに行く―

中国の衡山に『法華経』を取りに行った小野妹子。
（山内勝春、古藤養真／東京国立博物館所蔵）

『法華経』伝来伝説

聖徳太子の命で衡山の寺に前世経を取りに行き、三人の僧が守る寺で経を受け取る。
小野妹子
高句麗
日本海
黄河
隋
新羅
百済
難波津
飛鳥
長安
洛陽
江都（揚州）
博多津
長江
聖徳太子
太平洋
餘杭（杭州）
東シナ海
衡山
小野妹子が持ち帰った経が自分の経ではなかったため、自らの魂を飛翔させて直接衡山に経を取りに行く。

聖徳太子の魂が取りに行ったとするこの伝承から、『法華経』は「夢来経」とも呼ばれる。

かつて私が書写した『法華経』を保管しているのでこれをとってきて欲しい」と頼んでいる。

妹子は、聖徳太子の説明通り三人の僧が守る寺に行き、念禅法師《ねんぜんほうし》（聖徳太子の前世）が持っていたという経を受け取り持ち帰った。

それからしばらくのち、聖徳太子は夢殿に入って七日七夜籠った。八日目の朝、机の上には『法華経』一巻が載《の》せられていた。

聖徳太子は師の慧慈に「先日、妹子が持って帰ったのは私の弟子のものだったので、本物を私の魂に取りに行かせました」と言うと、この経にのみ載っていた文字の語句の違いを指摘したという。

小野妹子が隋に再訪《さいほう》すると、件《くだん》の僧が「先年お渡しした経は別物でした。しかし、後日聖徳太子が青龍《せいりゅう》の車に乗り、五百人の伴《とも》を従えてやってきて、本物を持ち帰られました」と言ったという。何とも不思議な話である。

聖徳太子は、このエピソードから夢来経《むらいきょう》ともされる『法華経』をもとに『法華義疏』を著わしたが、その後、この『法華経』は忽然《こつぜん》と姿を消したという。『聖徳太子伝暦』より早くに著された『七代記《しちだいき》』では、妹子が持ち帰った『法華経』は法

『法華経』

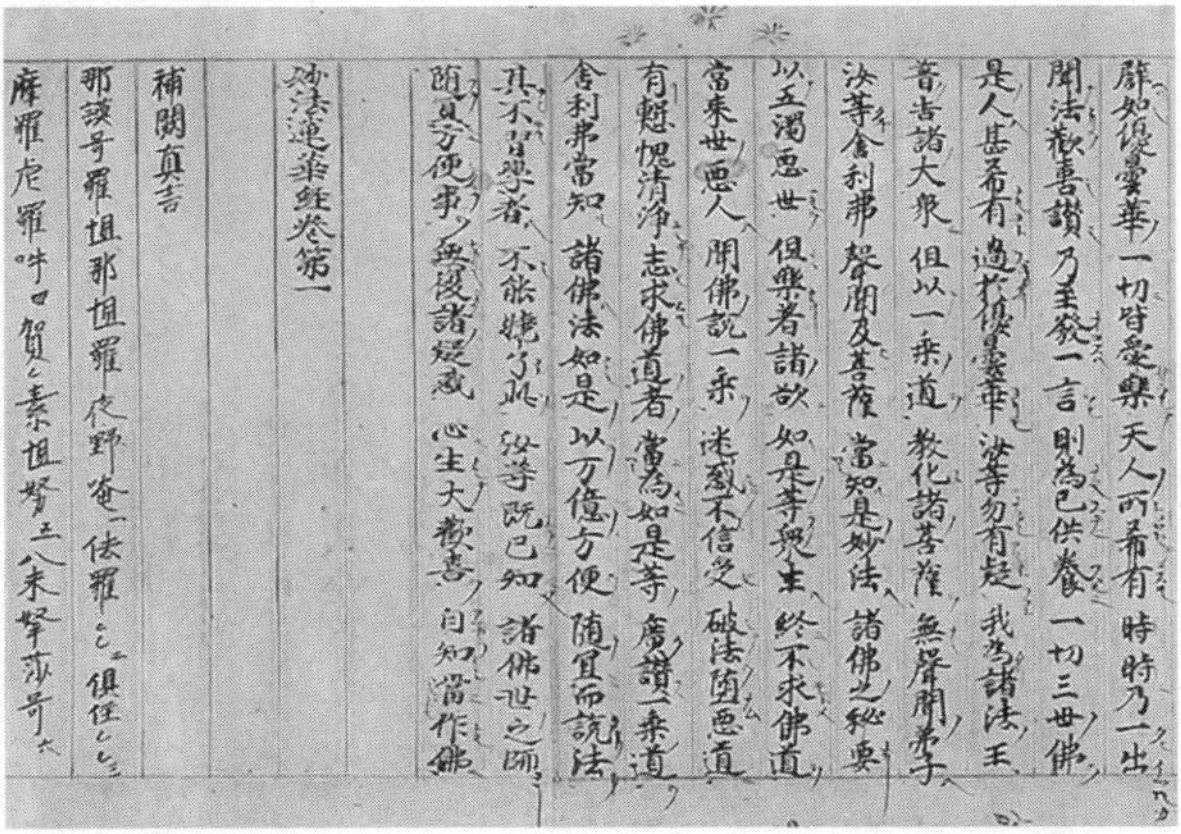
譬如優曇華　一切皆愛樂　天人所希有　時時乃一出
聞法歡喜讃　乃至發一言　則為已供養　一切三世佛
是人甚希有　過於優曇華　汝等勿有疑　我為諸法王
普告諸大衆　但以一乗道　教化諸菩薩　無聲聞弟子
汝等舎利弗　聲聞及菩薩　當知是妙法　諸佛之秘要
以五濁悪世　但樂著諸欲　如是等衆生　終不求佛道
當來世悪人　聞佛説一乗　迷惑不信受　破法堕悪道
有慚愧清浄　志求佛道者　當為如是等　廣讃一乗道
舎利弗當知　諸佛法如是　以万億方便　随宜而説法
其不習學者　不能曉了此　汝等既已知　諸佛世之師
随宜方便事　無復諸疑惑　心生大歡喜　自知當作佛
妙法蓮華經巻第一
補闕真言

平安時代後期（12世紀）のもの。代表的な漢訳本である鳩摩羅什訳『妙法蓮華経』は28品の章節で構成されている。　（奈良国立博物館所蔵）

隆寺に伝わったとされ、これは現在、天皇家に伝えられている。

聖徳太子と法華経

その来歴からして不思議な伝説が伝わる『法華経』だが、日本で初めてこのお経を取り上げ、自ら注釈書《ちゅうしゃくしょ》を著したのは、まぎれもなく聖徳太子にほかならない。

聖徳太子が『法華経』にこだわったのは、『法華経』が中国でも随一のお経として称《たた》えられていたことに加え、前述した通り、在家《ざいけ》信者のまま真理を追究する姿勢に共感したためであろう。

天寿国繡帳

橘大郎女の願いで実現した聖徳太子の浄土図像

聖徳太子の思い描いた浄土

聖徳太子の死後、妃の橘大郎女《たちばなのおおいらつめ》は、聖徳太子の往生《おうじょう》の様子を図像《ずぞう》に残したいと推古天皇に願い出ている。その願いが聞き届けられ制作されたのが、聖徳太子の浄土観《じょうどかん》を図像化したとされる天寿国繡帳《てんじゅこくしゅうちょう》である。鎌倉時代に中宮寺《ちゅうぐうじ》で発見され、全体像は失われてしまっているものの、その断片が現在に伝えられている。

天寿国繡帳において古来より議論の的となったのは、聖徳太子が思い描いた浄土「天寿国」がいかなる浄土かということだ。阿弥陀仏《あみだぶつ》の浄土である西方極楽浄土《さいほうごくらくじょうど》とする説、釈迦仏《しゃかぶつ》の浄土である霊山浄土《りょうぜんじょうど》とする説、現在のインドを指す天竺《てんじく》などに比定《ひてい》する説、橘大郎女が想像する漠然《ばくぜん》とした理想郷とする説などがある。

飛雲《ひうん》や飛び交う蓮華《れんげ》の花びら、空中を飛翔《ひしょう》している僧、ウサギのいる月輪《がちりん》などが描かれた断片からは、天寿国が天上空間を表していることが読みとれる。

中宮寺

天寿国繡帳が発見された中宮寺。

　また、聖徳太子が唯一天寿国のことに言及している『伊予国風土《いよのくにふど》記《き》』逸文《いつぶん》では、天寿国を、日月が万物を照らし、水が大地から湧き出す差別のない世界であるとしている。

　鎌倉時代の園城寺《おんじょうじ》の僧・定円《じょうえん》（天寿国繡帳の銘文を読み解いた一人）は「太子曼荼羅講式《たいしまんだらこうしき》」の中で、男女や動物たちを分け隔てなく描いた天寿国繡帳の図柄を指摘している。

　なお、この繡帳の製作年代については、推古朝ではなく天武《てんむ》・持《じ》統《とう》朝とする説がある。

コラム 聖徳太子ゆかりの寺③

橘《たちばな》寺《でら》

太子殿の前には、聖徳太子の愛馬・黒駒の像が安置されている。

アクセスデータ
近鉄南大阪線（または橿原線）橿原神宮前駅からバスで10分、岡橋本下車徒歩３分

蘇我氏が本拠地とした奈良県高市郡明日香村には、推古朝ゆかりの史跡が散見できる。なかでも、橘寺は、聖徳太子の生誕説を伝える寺として、また、『聖徳太子絵伝』（展示期間要確認）を所蔵していることでも有名である。『日本書紀』によると、推古６（598）年、聖徳太子は推古天皇に請われて、『勝鬘経』を講経している。橘寺にある往生院は、聖徳太子が『勝鬘経』を講義した場所と伝わる。寺伝によると、聖徳太子が講経した際、庭に蓮《はす》の花が降り積もったことにより、天皇がこの地に仏堂の建立を命じたという。しかし、これら全てを史実とするには問題がある。

また、太子堂と呼ばれる本堂には、聖徳太子像のなかでは最古のものとされる木像が安置されており、聖徳太子35歳の姿を今に伝えている。

第四章

聖徳太子の晩年

斑鳩移転

政治の第一線から身を引き『日本書紀』からも姿を消す

斑鳩で仏教三昧の日々

遣隋使《けんずいし》の派遣や冠位十二階《かんいじゅうにかい》の制定、憲法十七条《けんぽうじゅうななじょう》の制定など、精力的な政治活動を展開していた聖徳太子《しょうとくたいし》は、推古《すいこ》一三（六〇五）年の斑鳩《いかるが》遷居後、しばらくして政治の表舞台から姿を消し、『日本書紀《にほんしょき》』に記述が見られなくなる。

この後の聖徳太子の活動と言えば天皇への講経《こうきょう》や『三経義疏《さんぎょうぎしょ》』の執筆、『国記《こっき》』の編纂《へんさん》などの文化や仏教活動において名前が見える程度で、表立って政治活動を行なった形跡はみられない。

聖徳太子は斑鳩で政治活動よりも、仏都の造成に注力している。斑鳩宮を活動の拠点として仏教研究に傾倒し、寺を建立し、仏教三昧《ざんまい》の日々を送っているのだ。時には夢殿《ゆめどの》に籠《こも》って瞑想《めいそう》し、その集大成ともいえる仏教の注釈書『三経義疏』を完成させるなど、日本仏教史へ偉大な足跡を残している。

飛鳥、斑鳩での聖徳太子の事績

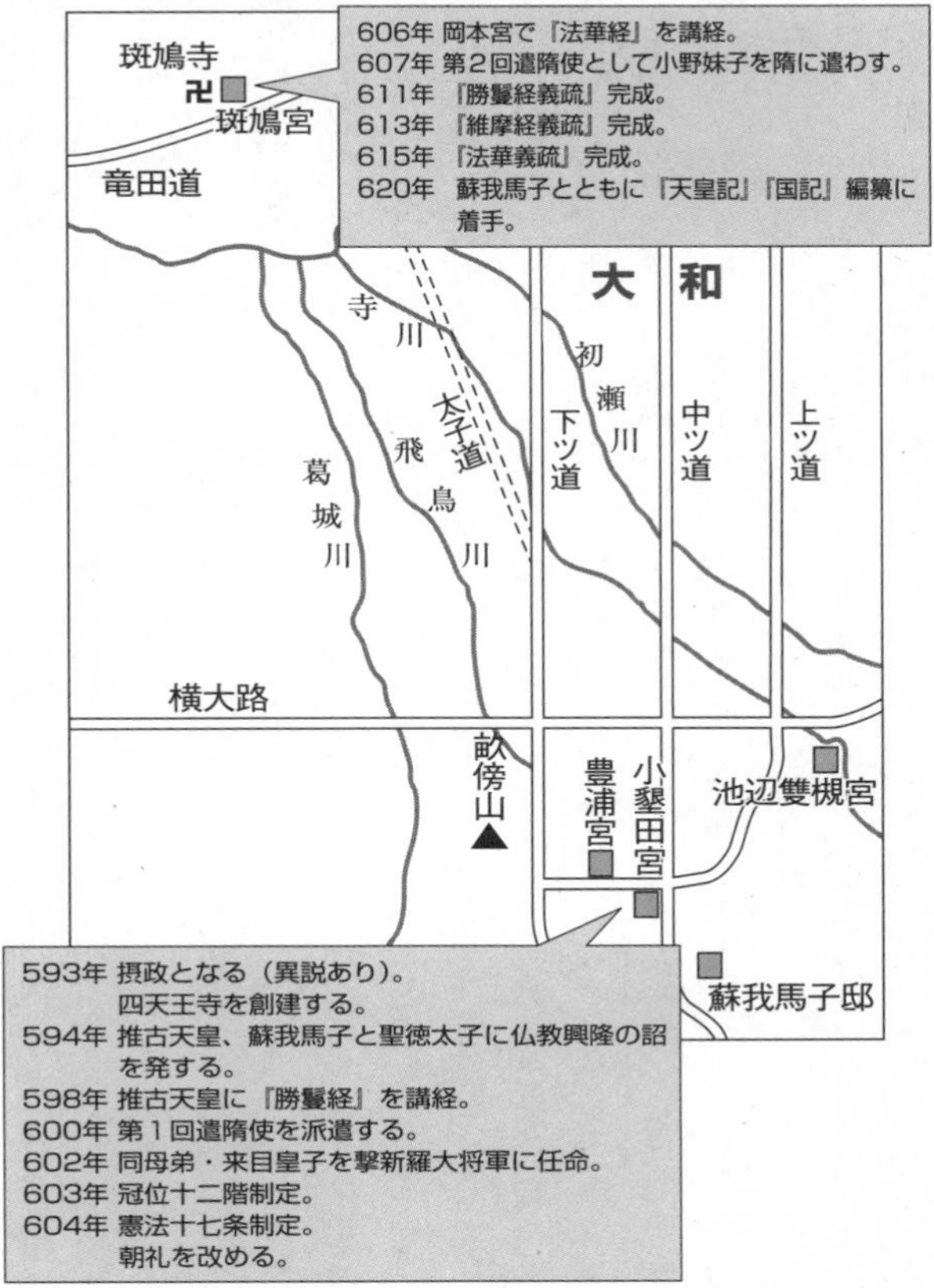
606年 岡本宮で『法華経』を講経。
607年 第2回遣隋使として小野妹子を隋に遣わす。
611年 『勝鬘経義疏』完成。
613年 『維摩経義疏』完成。
615年 『法華義疏』完成。
620年 蘇我馬子とともに『天皇記』『国記』編纂に着手。
斑鳩寺
斑鳩宮
竜田道
大和
寺川
太子道
飛鳥川
葛城川
初瀬川
下ツ道
中ツ道
上ツ道
横大路
畝傍山
豊浦宮
小墾田宮
池辺雙槻宮
蘇我馬子邸
593年 摂政となる（異説あり）。
四天王寺を創建する。
594年 推古天皇、蘇我馬子と聖徳太子に仏教興隆の詔を発する。
598年 推古天皇に『勝鬘経』を講経。
600年 第1回遣隋使を派遣する。
602年 同母弟・来目皇子を撃新羅大将軍に任命。
603年 冠位十二階制定。
604年 憲法十七条制定。
朝礼を改める。

飛鳥において様々な改革を行なった聖徳太子だが、斑鳩遷居を契機に政治の舞台から消えてしまう。

蘇我《そが》氏との政争に敗れたゆえか、政治の理想と現実を目の当たりにして限界を感じたのか、真相は定かではないが、政治の第一線から身を引き、斑鳩で仏教による、理想郷を築くことを第二の人生と定めたようである。

●蘇我馬子の思惑

このように、聖徳太子は斑鳩転居をきっかけに隠遁《いんとん》生活に入ったように見え、推古二〇（六一二）年頃から朝廷における地位も低下していったといわれている。

水谷千秋氏によると、『日本書紀』で聖徳太子が「皇太子」と記されなくなったことがその証《あかし》だという。この頃から推古天皇が中継ぎとしての天皇から終身天皇へと変化し、聖徳太子は皇太子の立場を失ったと推察している。

朝廷内の勢力図もこの頃から徐々に変わっていく。蘇我馬子《うまこ》や天皇は、それまでは敬遠していた敏達《びだつ》天皇と広姫《ひろひめ》の子・押坂彦人大兄皇子《おしさかのひこひとのおおえのみこ》の長子・田村皇子《たむらのみこ》に接近している。それぞれの娘を田村皇子に嫁《か》させているのだ。

これに対して馬子らの娘が上宮王家《じょうぐうおうけ》（聖徳太子一家）に嫁《とつ》いだ形跡はない。それどころか、上宮王家では、聖徳太子の長子・山背大兄王《やましろのおおえのおう》が異母妹・舂米女王《つきしねのひめみこ》と

推古天皇の遺言

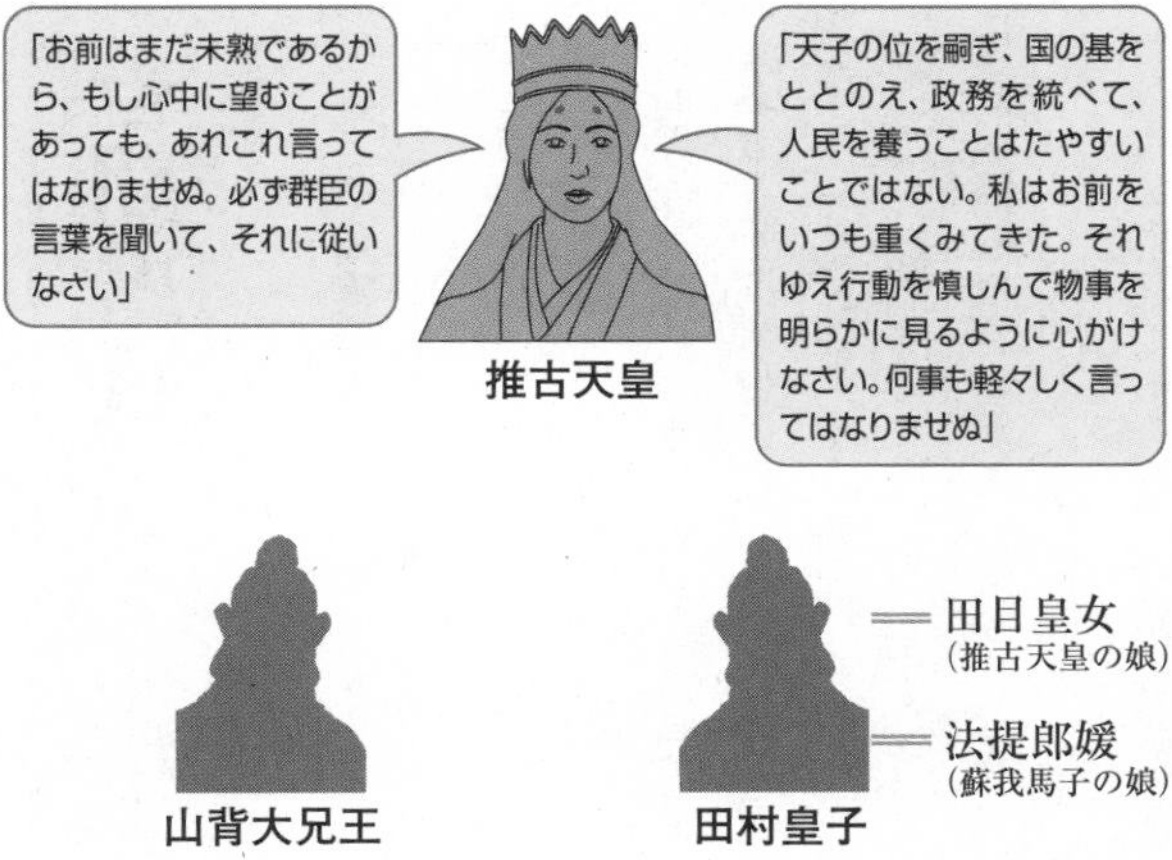
「お前はまだ未熟であるから、もし心中に望むことがあっても、あれこれ言ってはなりませせぬ。必ず群臣の言葉を聞いて、それに従いなさい」
推古天皇
「天子の位を嗣ぎ、国の基をととのえ、政務を統べて、人民を養うことはたやすいことではない。私はお前をいつも重くみてきた。それゆえ行動を慎しんで物事を明らかに見るように心がけなさい。何事も軽々しく言ってはなりませぬ」
山背大兄王
田村皇子
田目皇女
（推古天皇の娘）
法提郎媛
（蘇我馬子の娘）

結婚するなど、斑鳩の地において一族内での結束を強めてゆく。これは推古天皇や馬子らが、聖徳太子の斑鳩移住を契機に、蘇我系の聖徳太子よりも、非蘇我系の押坂彦人大兄皇子系を重視し始めたことの証《しょう》左《さ》であろう。

それを決定的にしたのが、推古天皇の臨終間際の言葉である。

臨終に際して、次の天皇候補である山背大兄王と田村皇子を枕元に呼び、上図のような言葉をかけた。この真意については諸説あるが、群臣たちには田村皇子有利に聞こえただろう。

世間虚仮

理想の仏都・斑鳩の造営に注力した仏教三昧の日々

仏の世界こそ真実なり

政治から離れた聖徳太子が追い求めたのは仏都、すなわち理想郷を斑鳩の地に現出することであった。聖徳太子が望んだ仏都とはどのような世界だったのだろうか。

聖徳太子の仏教観を考える上で手がかりとなるのが天寿国繡帳《てんじゅこくしゅうちょう》の中に記されている「世間虚仮《せけんこけ》、唯仏是真《ゆいぶつぜしん》」という言葉である。この言葉は、聖徳太子独自の言葉とされており、世間は仮の姿、仏の世界こそ真なりという意味である。

小さな頃から皇位継承や豪族間の政争を、身をもって体験した聖徳太子にとって、「世間虚仮」が実感だったのかもしれない。

そこには煩悩《ぼんのう》に根ざした人の営みそのものにあきらめを持つ厭世観《えんせいかん》が感じられる。「唯仏是真」の言葉通り、聖徳太子は斑鳩の地で仏の教えに魅了され、仏教に傾倒していったのは事実であろう。しかし、世間に対して全くのあきらめの境地にあっ

職人集団が居住した西里

現在の法隆寺西１丁目は、当時、宮大工集団が居住する職人の町だったという。

たとは考えにくい。

実際、斑鳩宮を基点として、聖徳太子が行なったのは精力的な仏教興隆事業である。

聖徳太子は、斑鳩宮の周辺に学問僧や渡来系の職人、知識人を集めて聖徳太子の聖域とも呼べる地域を生成している。これらの人員を駆使して独創性の強い寺院の建立、『三経義疏』の執筆などの大がかりな仏教事業を次々と手がけていったのである。

斑鳩で聖徳太子が目指したものは、それまで推し進めていた国家の精神的支柱としての仏教からの脱却、即ち政治的手段として用いてきた仏教ではなく、純粋な学問・文化としての仏教信仰のための場の形成だったのではないだろうか。

聖徳太子の死

心中説も浮上する不可解な死の連続

母と妃と聖徳太子の連続死

斑鳩で仏教興隆事業に邁進していた聖徳太子が他界《たかい》したのは、推古三〇（六二二）年二月二二日のことだった。『日本書紀』では聖徳太子の死をこの前年としているが、『上宮《じょうぐう》聖《しょう》徳《とく》法王《ほうおう》帝説《ていせつ》』や天寿国繍帳銘など数多くの資料が伝える六二二年説が通説となっている。

聖徳太子の死は実に唐突で不可解なものだった。推古二九（六二一）年の一二月に聖徳太子の母が、翌年の二月二一日、妃の菩岐々美郎女《ほききみのいらつめ》が、その翌日に聖徳太子が、と三人もの人間が相次いで亡くなったのである。これは、三人が河内《かわち》の磯長《しなが》に合葬されていることから間違いないと考えられる。

三人もの連続死という事実にはどこか不自然さが漂う。

実は聖徳太子の死の前年、「天に赤《あか》き気《き》あり」という聖徳太子の不審な死を暗示

聖徳太子の墓

大阪府太子町の叡福寺奥にある聖徳太子の墓には、菩岐々美郎女、穴穂部間人皇女が合葬されたと伝えられる。

させる記述が『日本書紀』にはある。赤き気については陰謀の兆《きざ》し、兵気《へいき》なりともいわれており、聖徳太子の不審死を暗に告げた前兆のようにも見える。そのため聖徳太子の死については、実にいろいろな憶測がされてきた。

その中心は心中説、暗殺説だろう。

『聖徳太子伝暦』は聖徳太子の自殺をほのめかしている。聖徳太子は死を前にして菩岐々美郎女に沐《もく》浴《よく》をさせると、自分も沐浴を済ませて新しい衣に着替えたのち、妃に「私は本日の夕方死ぬ。お前も一緒に行こう」と声をかけた。翌日、二人は添い寝をする形で息絶えていたという。

この一連の記事を見ると、聖徳太子は菩岐々美郎女を道連れに、覚悟の自殺を遂《と》げたと考えられなくもない。

『伝暦』には、この自殺の理由として、聖徳太子は毒殺を警戒していたのではないかとみられるふしがあったと記されている。自分に魔の手が迫っていることを悟《さと》り、覚悟の自殺を遂げたというのだ。

●今に伝わる暗殺説

江戸後期の学者・山片蟠桃《やまがたばんとう》の『夢《ゆめ》の代《しろ》』は、聖徳太子の死について、前述の自殺説よりもさらに物騒な伝承を伝えている。大阪の大聖勝軍寺《たいせいしょうぐんじ》に残る伝承では、聖徳太子は家族と共に毒殺されたという。この寺には聖徳太子と母、妻、子が一時に毒死する図まであったという。その上、聖徳太子の毒殺については公然の秘密だったとまで述べている。

実はこの寺は聖徳太子が物部守屋《もののべのもりや》との戦いに参加したとき、戦勝祈願をした場所に建立された寺なのだ。しかも寺地は守屋の本拠地で、最後の激戦地ともなった

聖徳太子 伝染病死亡説

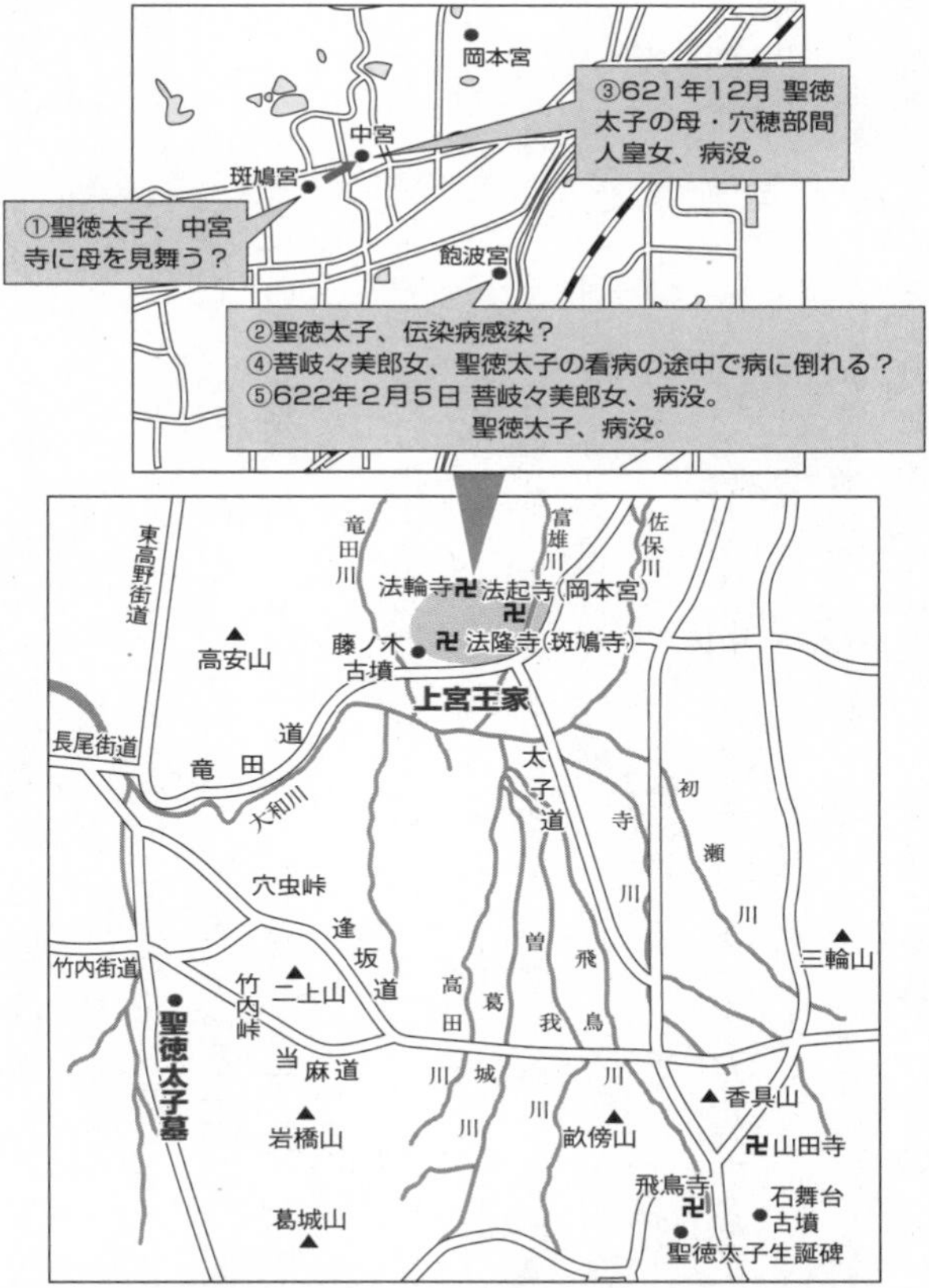

母、妻、聖徳太子と相次いで亡くなっていることから、伝染病を死因とみる説もある。

場所でもある。そのため、聖徳太子に対する反感が強く、毒殺説が伝わっているものと考えられる。

山片蟠桃は、この毒殺の犯人を聖徳太子との不和《ふわ》がこうじた蘇我馬子であると結論付けている。『聖徳太子伝暦』の心中説にも言及し、毒殺である「変死」を隠すために心中を装ったのだと指摘しているのだ。ただし、蘇我馬子犯人説には異論も多い。

聖徳太子と蘇我馬子には対立説もある一方で、協調説も唱《とな》えられており、いずれにしろ暗殺をするほどまで対立していたとは考えられないという説が根強い。

武光誠氏は、日本国内には聖徳太子を殺そうとする人物はいなかったと指摘し、聖徳太子が恨まれた理由があるとすれば外交政策にあるとし、海外からの刺客《しかく》説を唱えている。その上で、聖徳太子暗殺の黒幕を新羅《しらぎ》の真平王《しんぺいおう》だとする。武光氏によると、朝鮮半島の中でもとりわけ日本を恨んでいる可能性があったのは新羅だったという。

日本と新羅とがたびたび朝鮮半島の支配を巡って対立していたのは周知の事実である。日本は、任那《みまな》を併合した新羅に任那からの貢ぎ物を肩代わりさせていたとい

『聖徳太子絵伝』―聖徳太子の葬列―

聖徳太子は大勢の人に見送られ、死出の旅へ出た。
（山内勝春、古藤養真／東京国立博物館所蔵）

う経緯もある。

新羅も隋と結ぶ日本に抵抗しがたく、しぶしぶこの要求に応じていたようだ。

ところが聖徳太子が亡くなる四年前、隋が滅び、唐《とう》が誕生する。真平王はこの機を捉《とら》えて日本が唐と手を結ぶ前に、外交通の聖徳太子を殺そうと企《たくら》み、刺客を送り込んだのだという。

この事実を裏づけるかのように聖徳太子亡きあと、新羅は日本に強気な態度を取り始める。あくまでも推測に過ぎないが、当時の混《こん》沌《とん》とした朝鮮半島の事情を考えれば可能性はある。

しかしながら、状況証拠から有力視されるのが、伝染病を死因とする説である。母を見舞った聖徳太子が発病し、それを看病していた菩岐々美郎女が発病して聖徳太子よりも先んじて亡くなり、その翌日には聖徳太子も没したというものである。伝染病であれば、様々な疑惑の種を生んだ三人の人間の相次ぐ死も、不思議な話ではなくなるのだ。

果たして、聖徳太子は殺されたのか。聖徳太子の死にまつわる議論は今も尽きない。

確かなのは、聖徳太子の死は、多くの人を悲しませたということである。『日本書紀』では、人々の悲しみようを、老人は愛児を失ったような、若者は親を失ったような大変な嘆きようだったと伝えている。

また、師の慧慈《えじ》は聖徳太子薨去《こうきょ》の知らせを聞くと、聖徳太子と同じ日に没することを願うほど大いに嘆いたと伝わる。

民からの人望も篤《あつ》く、稀代の政治家として辣腕《らつわん》をふるった聖徳太子の生涯はこうして幕を閉じた。

第四章
聖徳太子の晩年

上宮王家の滅亡

蘇我入鹿に追い詰められた山背大兄王の自害

●選ばれなかった山背大兄王

斑鳩転居後の聖徳太子と蘇我馬子との間には確執が生じていたという見方がある一方、馬子と推古天皇との間にも徐々に不協和音《ふきょうわおん》が奏《かな》でられ始めていたという説もある。

推古三二（六二四）年には蘇我馬子が蘇我氏との関わりが深い葛城《かづらき》県を賜りたいと望むが、天皇がこれを退けたという記録が残る。聖徳太子の没後、推古天皇と蘇我馬子との対立はいよいよ表面化し始めたのだろう。

こうした対立が要因であるか判然としないが、推古天皇は在世中に後継者を決めることなく、崩御《ほうぎょ》した。

推古ののち、次期天皇の有力候補筆頭と見なされていたのは、蘇我馬子の娘・刀《と》自古郎女《じこのいらつめ》を母に持つ聖徳太子の長男・山背大兄王だった。対立候補である押坂彦人大兄皇子の子・田村皇子は非蘇我系である。そのため次の天皇は蘇我馬子の子・蝦夷《えみし》のあと押しで、山背大兄王になるというのが大方の見方であったろう。ところがここで意外な事態が起きた。蝦夷が甥の山背大兄王をさしおいて、田村皇子を推したのである。

なぜ、血縁でない田村皇子を選んだのか、この決断は後世に様々な憶測をよぶことになった。

蝦夷が山背大兄王の人望を疎《うと》み、御《ぎょ》し易い田村皇子の方を選んだという説、聖徳太子の斑鳩寺と蘇我氏の法興寺との対立説、敏達天皇系の血筋を望む人々の勢力が強まったという説、もしくは蘇我氏を中心とした飛鳥居住の豪族たちにとって飛鳥京の死守が大命題であり、山背大兄王の即位で京が斑鳩へ移るのを阻止したかったという説もある。

ただし、この決定は、蘇我氏にとって唐突ではなかったようだ。前述した通り、馬子は周到な下準備を進めている。推古朝の末期、田村皇子に娘を嫁がせ、その間に古人大兄皇子《ふるひとのおおえのみこ》も生まれていたのだ。

たしかに田村皇子は蘇我氏の血縁ではない。しかし、馬子はこの時すでに田村皇

『日本書紀』巻二十三

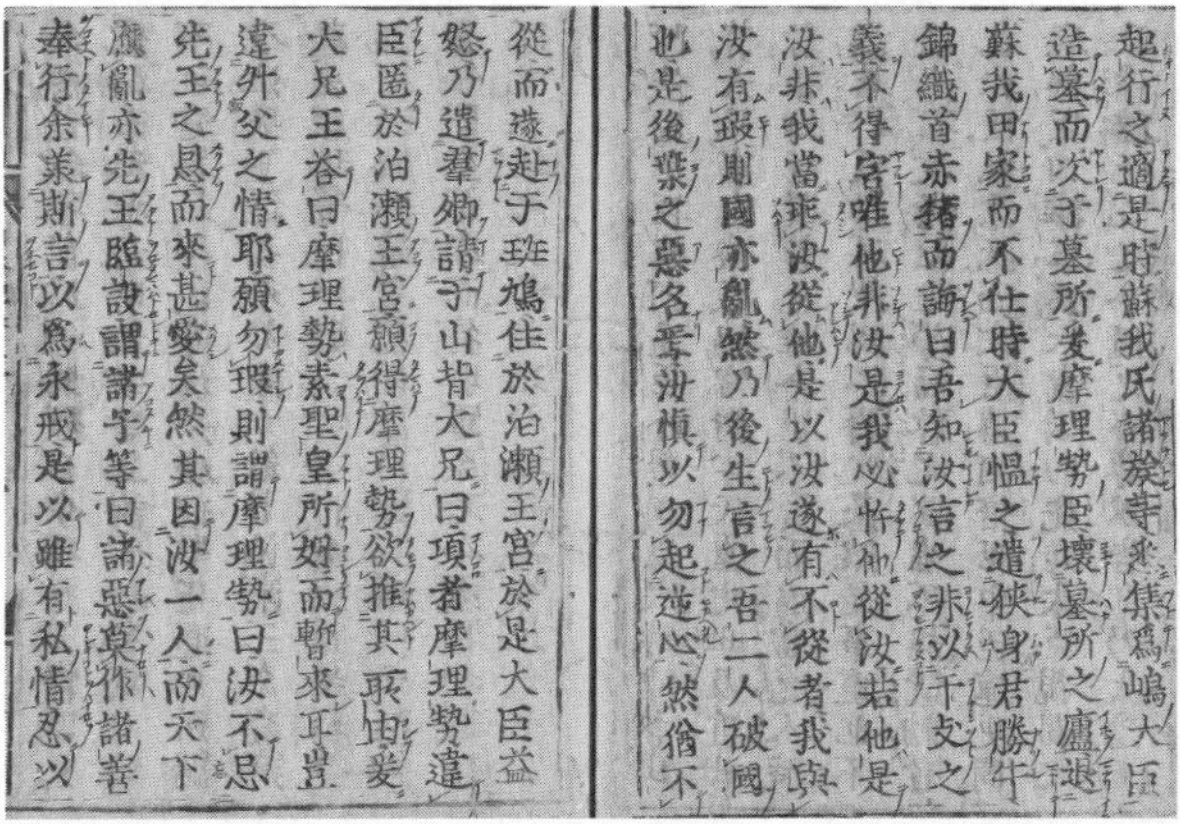
起行之適是時蘇我氏諸族等悉集爲嶋大臣造墓而次于墓所爰摩理勢臣壞墓所之廬退蘇我田家而不仕時大臣慍之遣身狹君勝牛錦織首赤猪而誨曰吾知汝言之非以干支之義不得害唯他非汝是我必忤他從汝若他是汝非我當乖汝從他是以汝遂有不從者我與汝有瑕則國亦亂然乃後生言之吾二人破國也是後葉之惡名焉汝愼以勿起逆心然猶不從而遂赴于斑鳩住於泊瀬王宮於是大臣益怒乃遣羣卿請于山背大兄曰頃者摩理勢違臣匿於泊瀬王宮願得摩理勢欲推其所由爰大兄王答曰摩理勢素聖皇所好而暫來耳豈違外父之情耶願勿瑕則謂摩理勢曰汝不忘先王之恩而來甚愛矣然其因汝一人而天下應亂亦先王臨沒謂諸子等曰諸惡莫作諸善奉行余兼斯言以爲永戒是以雖有私情忍以

聖徳太子は山背大兄王に「諸悪莫作、諸善奉行（悪いことをせず、良いことをせよ）」と遺言している。（国立国会図書館所蔵）

子の外戚《がいせき》としての地位を確保していたのである。蝦夷にしてみれば当然の選択だったかもしれない。

結局、豪族たちはこぞって田村皇子を推し、最後まで山背大兄王を支持した蝦夷の叔父・境部臣《さかいべのおみ》摩理勢《まりせ》は蝦夷の軍勢によって滅ぼされてしまう。

こうして舒明《じょめい》元（六二九）年に田村皇子が舒明天皇として即位。その天皇が一三年の治世ののち崩御すると蝦夷とその子・入鹿《いるか》は舒明天皇の皇后を皇極《こうぎょく》天皇として擁立した。

そして蝦夷から大臣の位を譲ら

れた入鹿はこの皇極朝で権勢を極めることになる。

一方、この女帝擁立の報に最も衝撃を受けたのが山背大兄王である。これは山背大兄王側には皇位を渡さないという蘇我氏の強い意思表示でもある。

しかも蝦夷らの専横《せんおう》ははなはだしく、山背大兄王の伯父という立場に乗じて、上宮王家（聖徳太子の一家）の壬生部《みぶべ》（私有民）を勝手に使役《しえき》して、山背大兄王の妻を憤慨《ふんがい》させている。

こうした蘇我氏からの数々の仕打ちに山背大兄王側の不満が募《つの》り、反蘇我色の風潮が強まったことは想像に難くない。

一方、蘇我氏も今後の古人大兄皇子の擁立を考えて、一切の障害を除去しておく必要に迫られていた。

聖徳太子の子の最期

皇極二（六四三）年、入鹿は斑鳩の山背大兄王の邸宅を取り囲む。攻撃陣には巨《こ》勢徳太《せのとこだ》ら豪族のほか、天皇の弟の軽皇子《かるのみこ》（のちの孝徳《こうとく》天皇）もいたという。ほとんどの豪族が蘇我氏に従ったが、これは蘇我氏の権勢とともに、飛鳥京《あすかきょう》を死守し

上宮王家の滅亡

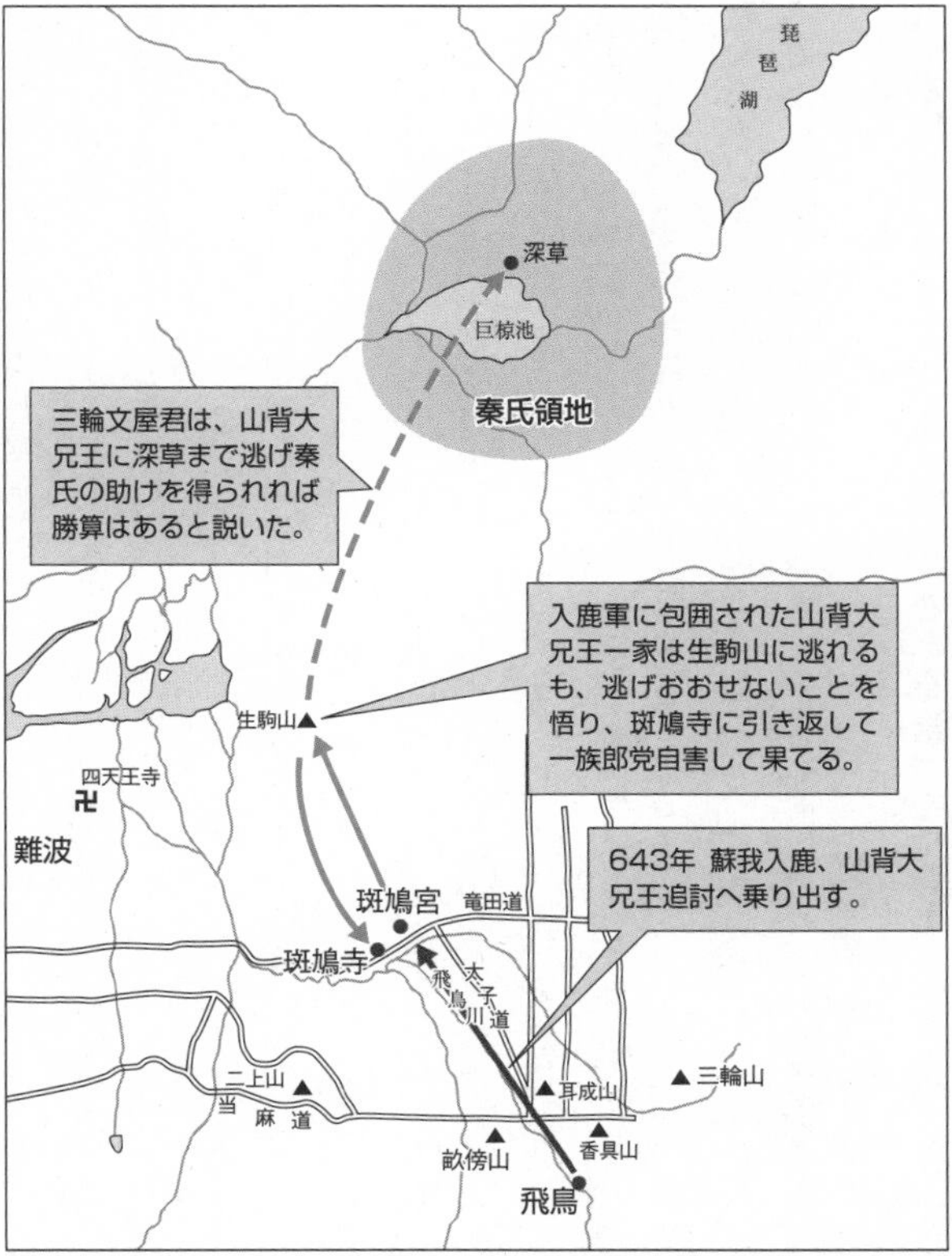
琵琶湖
深草
巨椋池
秦氏領地
三輪文屋君は、山背大兄王に深草まで逃げ秦氏の助けを得られれば勝算はあると説いた。
入鹿軍に包囲された山背大兄王一家は生駒山に逃れるも、逃げおおせないことを悟り、斑鳩寺に引き返して一族郎党自害して果てる。
生駒山
四天王寺
難波
643年 蘇我入鹿、山背大兄王追討へ乗り出す。
斑鳩宮
竜田道
斑鳩寺
飛鳥川
太子道
二上山
当麻道
耳成山
三輪山
畝傍山
香具山
飛鳥

三輪文屋君の交戦論を、山背大兄王は「自分のために人民を苦しめられない」として退け、自害の道を選んだ。

ようとした豪族たちが結束した証ともとれる。

不意をつかれた山背大兄王側は兵を召集する間もなく、三輪文屋君《みわのふんやのきみ》ら数名の側近や妻子とともに生駒山《いこまやま》へと逃げ込む。一行は飲まず食わずで四、五日山中に潜んだという。

これについては、近くに何らかの施設があり、そこで今後の動向を相談した可能性も指摘されている。ここで三輪文屋君が、「山城国《やましろのくに》の上宮王家の屯倉《みやけ》に行き、秦氏に助けを求めましょう。上宮王家の領地のある東国《とうごく》で兵を整え決戦に臨めば勝算はあります」と徹底抗戦を主張。しかし山背大兄王は「わが身のために人民を苦しめることはできない」とこれを退けたという。しかし、平安時代初期に書かれた『上宮聖徳太子伝補闕記《でんほけつき》』によると、山背大兄王の息子・弓削王《ゆげのみこ》は一人徹底抗戦を試みて、斑鳩寺へと乗り込み大狛法師《おおこまのほうし》に殺害されている。

すでに蘇我氏側の手に落ちていた斑鳩にどのように入り込んだのかは疑問が残るところだが、斑鳩寺には蘇我氏の手落ちで守備兵をほとんど置いていなかったともいう。

それからほどなくして勝ち目のないことを悟《さと》った山背大兄王らが、山からおりて

伝山背大兄王の墓所

斑鳩町三井にある、山背大兄王の墓と伝えられる富郷陵墓参考地。

家族と共に斑鳩寺に入ることができたのも、こうした理由によるのだろう。

『日本書紀』によると、山背大兄王は、「吾が一つの身をば、入鹿に賜《たま》ふ」と言い残して斑鳩寺で自害し、一族もこれに従い命を絶ったという。

こうして斑鳩に繁栄した上宮王家は滅亡の時を迎えた。このとき運命を共にしたのは、山背大兄王とその兄弟ら合わせて一五王とも、聖徳太子の兄弟姉妹まで含めた二三王ともいわれるが、前者の数がほぼ妥当とみなされている。

コラム 聖徳太子ゆかりの寺④

法輪寺《ほうりんじ》

聖徳太子の手によると伝わる法輪寺近くの古井戸。

アクセスデータ
JR 関西本線法隆寺駅から法隆寺門前行きバスで４分、中宮寺前下車徒歩７分

奈良県生駒郡斑鳩町にある法輪寺は、聖徳太子の嫡男・山背大兄王が、聖徳太子の妃・菩々岐美郎女の住居跡に聖徳太子の病気平癒を願って建立したとされる。

法輪寺は、法隆寺の五重塔、法起寺の三重塔とともに斑鳩の三名塔とされるほど立派な三重塔を持つ。現在の法輪寺三重塔は、一度落雷により焼失したのち、古代の工法にのっとって復元されたもの。現在の三重塔も、名塔の名にふさわしい重厚な雰囲気をかもし出している。

法輪寺には、聖徳太子が掘ったと伝わる三つの井戸が存在していたという。このことから法輪寺は三井寺《みいでら》とも呼ばれ親しまれていた。現在、境内に井戸は残っていないが、井戸の側壁に詰まれた瓦《かわら》の一部が展示されている。また、法輪寺を出て北側に歩いていくと、三つの井戸の一つとされる古井戸が今も水を湛えて存在している。

第五章

聖徳太子への信仰

聖徳太子像

藤原不比等によって創られた『日本書紀』の聖人君子像

●藤原氏の目論見

稀代《きだい》の政治家として活躍した聖徳太子《しょうとくたいし》は、没後一〇〇年もたたないうちに、数々の超人的伝説を持つ聖人としてあがめられるようになる。これが「太子信仰」である。

聖徳太子を崇敬《すうけい》する風潮は、天寿国繍帳《てんじゅこくしゅうちょう》の銘文《めいぶん》にあるように、没後間もなく起こったと見られる。

天武《てんむ》天皇の頃には聖徳太子を理想的為政者《いせいしゃ》とみなす風潮が強まり、太子の業績や伝承が誇張されるにつれて聖人としての性格が加わり、超人的な聖徳太子像が形づくられていった。

没後一〇〇年あまりのちに作られた『日本書紀《にほんしょき》』（七二〇年完成）には、虚実《きょじつ》織り交ぜた太子説話がすでに現われている。蘇我《そが》・物部《もののべ》の戦いで聖徳太子が戦勝祈願をして四天王《してんのう》の像を彫り、戦いを勝利に導いたという部分の記述はその最たるものであろう。

聖徳太子を理想の政治家から聖人君子《せいじんくんし》へと一気に押し上げたのは、中臣鎌足《なかとみのかまたり》の子・藤原不比等《ふじわらのふひと》だという説がある。藤原氏にとって、中臣鎌足と中大兄皇子《なかのおおえのおうじ》とで蘇我氏を滅ぼした乙巳《いっし》の変の正当性を主張するためには、蘇我氏を悪役にする作業が必要不可欠であった。そのため、『日本書紀』の編纂《へんさん》にあたった不比等は聖徳太子の地位を高め、蘇我氏の実績を聖徳太子のものにすりかえるよう手を加えたのである。

そんな、不比等の命を受けて実際に『日本書紀』の聖徳太子像を創作したのが、入唐僧《にっとうそう》の道慈《どうじ》である。道慈は唐から『金光明最勝王経《こんこうみょうさいしょうおうきょう》』『弥勒下生経《みろくげしょうきょう》』などを持ち帰り、大乗《だいじょう》仏教をもとに聖徳太子伝説を作り上げたという。

結果、生まれたのが『日本書紀』の中の理想の為政者であるとともに聖人でもある聖徳太子像なのだ。

この太子像に後世数々の伝承が付加され、太子信仰へと昇華《しょうか》されていく。

太子信仰の始まり

定着した観音菩薩の化身という観念

●神や仏へと昇華した聖徳太子

聖人・聖徳太子を確かな信仰の対象へと発展させたのは、藤原不比等の娘で聖《しょう》武《む》天皇の皇后となった光明子《こうみょうし》である。

不比等亡き後、武智麻呂《むちまろ》ら四人の兄弟と光明子は、最大のライバル長屋王《ながやおう》一族を滅亡させた。ところが数年後、藤原氏の周りで不幸が続き、さらに大地震や疫病《えきびょう》の流行など社会不安が広がっていく。これを長屋王の祟《たた》りであると怯《おび》えた光明子が、救いを求めたのが聖徳太子だった。光明子が救いを求めたのがなぜ聖徳太子だったのかと言えば、僧の行信《ぎょうしん》が光明子と斑鳩寺《いかるがでら》（法隆寺《ほうりゅうじ》）の間の橋渡しをしたからだ。

行信の勧めで斑鳩寺に接近した光明子は、天平《てんぴょう》七（七三五）年には聖徳太子と現在の天皇のために『法華経《ほけきょう》』講読を行ない、この時、初めて『日本書紀』以外で「聖徳」という名が用いられた。以後、聖徳太子を神とみなす太子信仰が広まって

聖徳太子信仰を推進した藤原不比等の娘・光明子

藤原４兄弟の相次ぐ死が光明子の聖徳太子信仰に拍車をかけた。

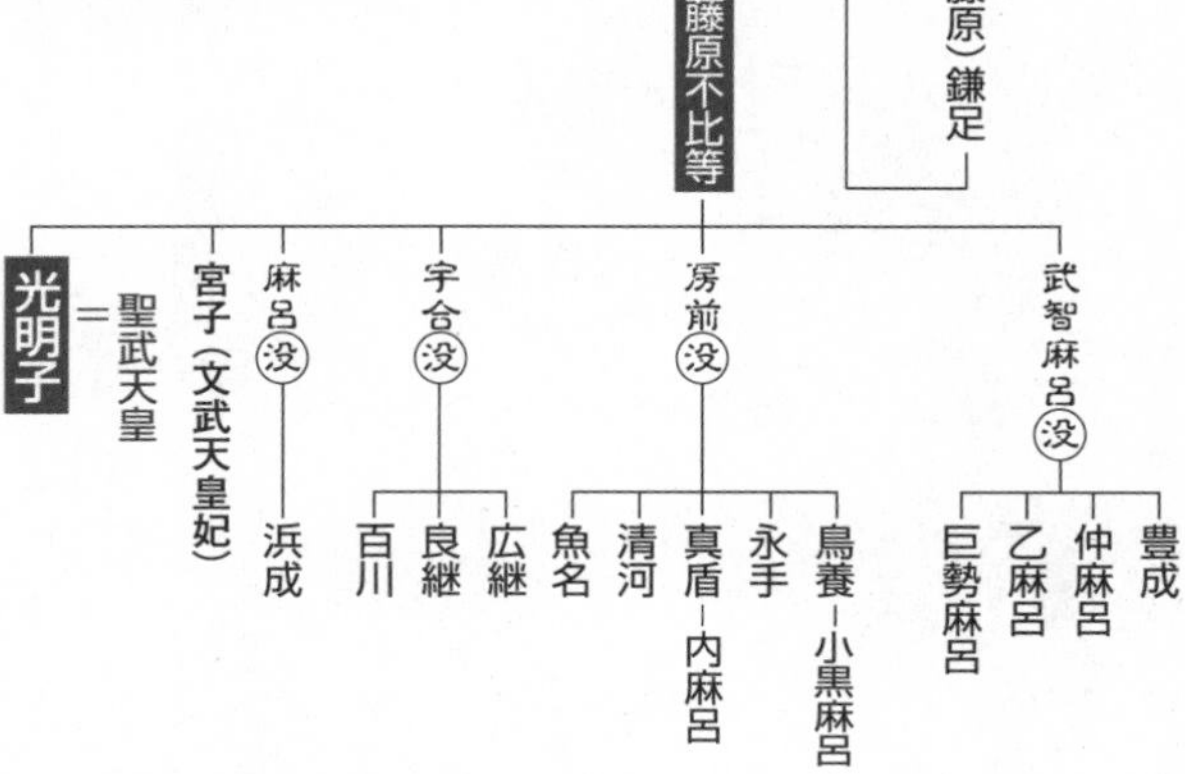

いく。翌年には『法華経』講読の大法会《だいほうえ》を行なうなど、光明子は聖徳太子への帰依《きえ》を深めている。それでも疫病によって藤原四兄弟が立て続けに亡くなるなどの不幸は続いた。そこで光明子と行信は天平一一（七三九）年、夢殿《ゆめどの》を完成させ、聖徳太子の霊を祀《まつ》った。以降、ここが太子信仰の拠点となっていく。

信仰の対象となった聖徳太子は、平安期に完成した『日本霊異記《にほんりょういき》』など数々の仏教説話集にも取り上げられ、日本仏教の始祖として扱われた。また、聖徳太子を中国の高僧・慧《え》思《し》禅《ぜん》師《じ》の後身とする説もこの頃生まれる。さらに平安期には観音《かんのん》菩薩《ぼさつ》の化《け》身《しん》とする伝承が生まれ、聖徳太子は名実共に信仰の対象となっていくのである。

歌川国芳「赤坂 光明皇后」

『木曽街道六十九次』より。中山道の赤坂宿で、光明皇后（光明子）が阿閦如来の化身である病人の垢を落としている様子。

第五章
聖徳太子への信仰

『聖徳太子伝暦』

超人・聖徳太子像の発展

聖徳太子伝説の集大成　『聖徳太子伝暦』

聖人として信仰の対象となった聖徳太子の生涯は、『上宮聖徳太子伝補闕記《じょうぐうしょうとくたいしでんほけつき》』や『上宮皇太子菩薩伝』など、様々な書物に伝記として残されている。こうした太子伝説を集め、一つの太子伝としてまとめたのが一〇世紀前半に成立したと考えられる『聖徳太子伝暦《でんりゃく》』である。同書の選者は藤原兼輔《ふじわらのかねすけ》ともいわれるが定かではない。

その内容は、聖徳太子にまつわる神秘的説話を集めたもので、聖徳太子の生涯を奇跡に満ちた物語として編纂したものである。なかには、聖徳太子が観音菩薩の化身として現われたという伝説をはじめとする独自の説話も収められている。

以後、この『伝暦』は長らく一般的な太子伝として流布《るふ》し、『日本書紀』よりも多く他の書物に引用されるようになる。こうした流れの中で、『伝暦』に記された聖徳太子の事績はすべて事実として受け止められ、聖徳太子が観音菩薩の化身という信仰も浸透していった。

平安時代に入ると、太子信仰の発展に伴い、太子ゆかりの寺院への参詣も流行し始める。とくに聖徳太子が創建したと伝わる四天王寺《してんのうじ》は、西門が極楽浄土《ごくらくじょうど》の東門にあたると考えられたため、平安貴族たちが盛んに参詣したという。

さらに貴族たちの間では、聖徳太子は観音菩薩の生まれ変わりであるというイメージが定着し、その過程で聖武天皇、藤原道長《みちなが》など、時の権力者たちが聖徳太子の生まれ変わりだという、太子後身説が続々と生まれた。

また、『伝暦』の伝承を基にした書物や絵画などが描かれるにつれ、それまで貴族・知識層を中心に定着していた太子信仰は、一般の人々にもその裾野《すその》を広げていく。なかでも『伝暦』を絵画化したとされる『聖徳太子絵伝《えでん》』は太子信仰隆盛の主要な担い手となった。絵画で聖徳太子の生涯を理解できるようになったことで、文字の読めない庶民層にとっても聖徳太子はより身近な存在になったのである。

さらに、こうした太子信仰の発展を、平安仏教の真言宗《しんごんしゅう》と天台宗《てんだいしゅう》も後押ししている。両派の祖は、聖徳太子を篤《あつ》く崇敬《すうけい》し、とくに天台宗の開祖・最澄《さいちょう》に至っては、「聖徳太子の玄孫《げんそん》」を名乗っているほどである。

聖徳太子信仰の発展

年	関連史料の完成	事　柄	聖徳太子信仰の変遷
622年頃	天寿国繍帳	聖徳太子没	崇敬の念
710年頃		聖徳太子を理想の政治家とする風潮が強まる	理想の政治家
720年	『日本書紀』	藤原不比等が蘇我氏を貶めるために聖徳太子を聖人化	聖人化
730年頃		光明子が聖徳太子に帰依	聖徳太子信仰の確立
747年	『法隆寺伽藍縁起』并流記資財帳		
788年	『上宮皇太子菩薩伝』		
787~824	『日本霊異記』		
平安初期	『上宮聖徳太子伝補闕記』		
10世紀	『聖徳太子伝暦』		聖徳太子信仰の最盛期

聖徳太子没後すぐに高まった聖徳太子への崇敬の念は、時代とともに発展し『聖徳太子伝暦』へ集約されていった。

光明子によって推進された聖徳太子信仰は、8世紀以降貴族の間で流行した。

『聖徳太子伝暦』

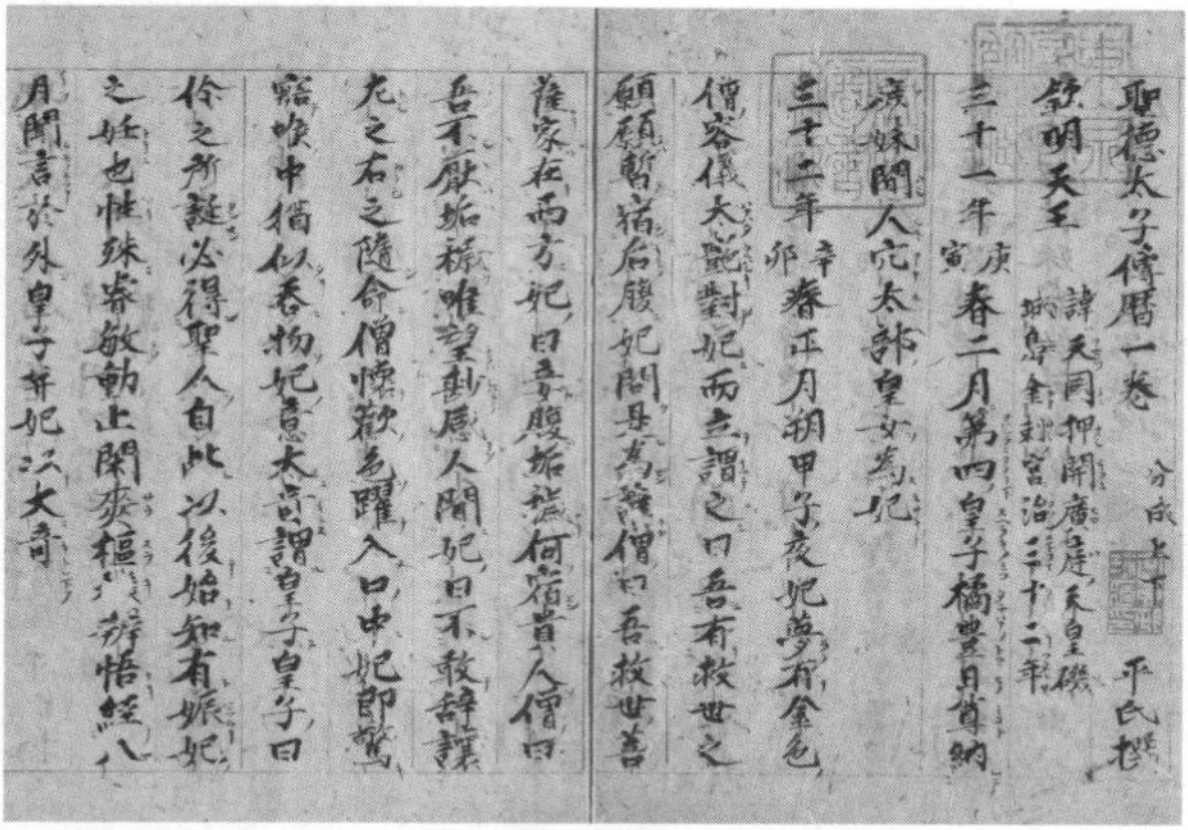
聖徳太子傳暦一巻　分成上下　平氏撰
欽明天皇　諱天國排開廣庭天皇磯城嶋金刺宮治三十二年
三十一年庚寅春二月第四皇子橘豊日尊納
庶妹間人穴太部皇女為妃
三十二年辛卯春正月朔甲子夜妃夢有金色
僧容儀太艶對妃而立謂之曰吾有救世之
願願暫宿后腹妃問為誰僧曰吾救世菩
薩家在西方妃曰妾腹垢穢何宿貴人僧曰
吾不厭垢穢唯望感人間妃曰不敢辞讓
左之右之隨命僧懐歡色躍入口中妃即驚
寤喉中猶似呑物妃意太奇謂皇子皇子曰
汝之所誕必得聖人自此以後始知有娠妃
之妊也性殊睿敏動止閑雅恒以辨悟經八
月聞言於外皇子并妃以太奇

聖徳太子信仰の集大成とも言える『聖徳太子伝暦』。
（国立国会図書館所蔵）

庶民にも広がった太子信仰

鎌倉時代に入ると、仏教の広がりに伴い太子信仰も盛んになり、『伝暦』をもとにした絵画や彫刻が数多く製作された。とくに具体的な姿をした太子像が多く創られ、それが庶民の太子信仰に拍車をかけることになった。

太子信仰が広く流布した理由の背景には、聖徳太子が外交、芸術、学問とあらゆる分野において祖としてあがめられた事実がある。

聖人、菩薩、始祖と、あらゆるものが渾然一体《こんぜんいったい》となりながら太子信仰はさらなる発展を遂げていく。

第五章
聖徳太子への信仰

諸学問

「医術」「兵法」「華道」などの始祖となった信仰の拡がり

いくつもの学問・技術の祖と仰がれた聖徳太子

聖徳太子信仰発展の過程で『聖徳太子伝暦』を通じて数々の学問や芸術の始祖を聖徳太子とする説が生まれた。それらは人相見《にんそうみ》、伎楽《ぎがく》、香道《こうどう》、華道《かどう》、医術、兵法《へいほう》と多岐《たき》にわたっている。江戸時代、人相見の大家・水野南北《みずのなんぼく》の弟子がまとめた『安心《あんじん》弁疑論要決《べんぎろんようけつ》』には、聖徳太子を相法、つまり人相見の始祖と記している。この根拠は聖徳太子に人相見の能力があったと記す『伝暦』の記事に由来する。聖徳太子は、崇峻《すしゅん》天皇を見て「傷害の相である赤い筋が陛下の瞳を貫いています」と答え、天皇の命が短いことを予言した。それから、ほどなくして天皇は殺害された。その他聖徳太子は自分の死ぬ日時や一族の滅亡を予言するなど、数々の予言も行なっている。

また、聖徳太子は伎楽、とくに猿楽《さるがく》の祖ともみなされた。『伝暦』で聖徳太子は少年を集めて仏教供養《くよう》のために呉《ご》の鼓《つづみ》や舞を習わせている。世阿弥《ぜあみ》の『風姿花伝《ふうしかでん》』にも猿楽の由来として、聖徳太子が秦河勝《はたのかわかつ》に命じて、遊宴のために六六の楽曲を作らせ猿楽と名づけたのを始まりとしている。また、鎌倉時代以降は、聖徳太子に題材をとった芸能が続々登場している。謡曲《ようきょく》の『上宮太子』を筆頭に、浄瑠璃《じょうるり》、歌舞伎《かぶき》など多岐にわたり、これらの芸能が太子信仰の大衆化を推進するのに一役買っている。

さらに、聖徳太子は、香道や華道の始まりにも関係しているという。

『日本書紀』には、推古朝期に巨大な香木《こうぼく》が漂着としたという記述がある。『伝暦』によれば、淡路島《あわじしま》に漂着したこの香木を聖徳太子が、「これは沈水香《じんすいこう》というものです」と推古天皇にその内容と効能を奏上《そうじょう》している。

華道については、とくに池坊《いけのぼう》の発祥に関わっており、小野妹子《おののいもこ》が聖徳太子の命によって朝夕仏前に花を供えていたことに始まるという。池坊宗家と生け花発祥の地である京都の頂法寺《ちょうほうじ》（六角堂《ろっかくどう》）は聖徳太子創建の寺と伝えられることからまったくの伝説であるとも言い切れない。池坊という名の由来もその昔、ここに聖徳太子が沐浴《もくよく》する池があり、そのほとりに小野妹子を始祖とする寺院があったことによ

頂法寺

京都市中京区にある天台宗の寺院。聖徳太子の創建と伝わり、本堂は「六角堂」の通称で知られている。

るものだという。

医術、兵法の祖

薬を調合する施薬院《せやくいん》、病人を収容する療病院《りょうびょういん》を建てたと伝わる聖徳太子は医療全般の祖とみなされてもいる。

聖徳太子は留学生を医学修行に派遣し、自身も伊予《いよ》の道後《どうご》温泉に足を運ぶなど温泉療養の導入にも積極的だったという。

また、『日本書紀』には、大和《やまと》の菟田野《うたの》に薬草や鹿の骨を採る、薬狩《くすりがり》をしたという記録もある。

兵法も聖徳太子を祖とするもの

『聖徳太子絵伝』―黒駒に乗る―

愛馬の黒駒で富士山を駆け登る聖徳太子。
（山内勝春、古藤養真／東京国立博物館所蔵）

が多い。

『伝暦』で聖徳太子は、物部氏との戦いも愛馬・黒駒《くろこま》に乗って参戦し、勝利している。これに由来して聖徳太子の名を冠した兵法が編み出された。

その代表例が名馬の産地・甲斐《かい》の武田《たけだ》家に属した布尾山《ぬのおやま》城主・望《もち》月《づき》定朝《さだとも》が創始した騎馬戦法「太子流」である。これは定朝が夢の中で聖徳太子から奥儀《おうぎ》を伝授されたもの。

このように、様々な学問・技術は聖徳太子を祖とすることで箔《はく》をつけたのである。

道後温泉

聖徳太子は慧慈とともに温泉旅行でこの地を訪れた。

諸学の祖とされた聖徳太子

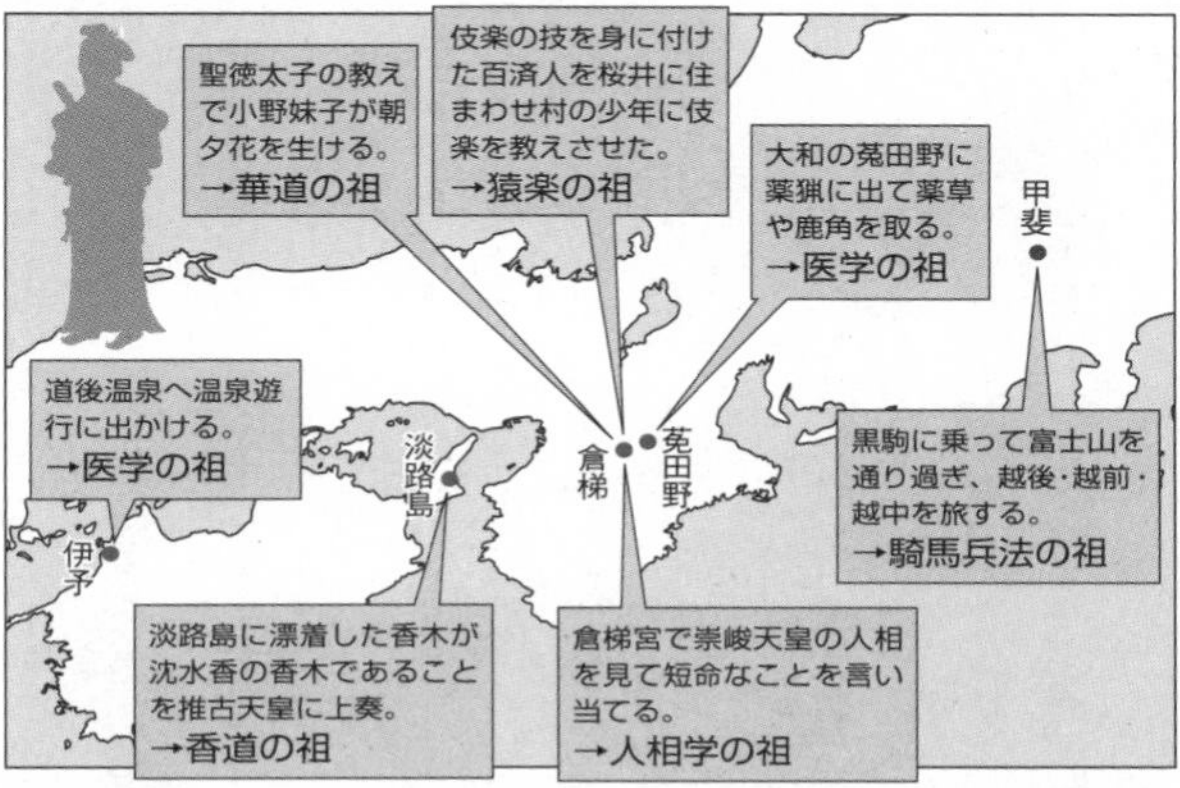

聖徳太子の教えで小野妹子が朝夕花を生ける。→華道の祖
伎楽の技を身に付けた百済人を桜井に住まわせ村の少年に伎楽を教えさせた。→猿楽の祖
大和の菟田野に薬猟に出て薬草や鹿角を取る。→医学の祖
甲斐
道後温泉へ温泉遊行に出かける。→医学の祖
淡路島
倉梯
菟田野
黒駒に乗って富士山を通り過ぎ、越後・越前・越中を旅する。→騎馬兵法の祖
伊予
淡路島に漂着した香木が沈水香の香木であることを推古天皇に上奏。→香道の祖
倉梯宮で崇峻天皇の人相を見て短命なことを言い当てる。→人相学の祖

日本で生まれた様々な学問が聖徳太子伝説と結びつけられ、権威づけされていった。

第五章
聖徳太子への信仰

「未来記」

聖徳太子の未来予見の書に関する伝承

聖徳太子が未来を予見

太子崇拝の高まりに伴い、『伝暦』によって数々の超人伝説を持つ聖徳太子像が形成され、太子信仰の一部をなしてゆく。なかでも見逃せないのが予言者としての聖徳太子像だろう。『日本書紀』では「予《かね》て未然《みぜん》に知ろしめす」と予言者としての聖徳太子の姿を描いている。また、『伝暦』では、用明《ようめい》天皇の短命、崇峻天皇の死、平安京《へいあんきょう》遷都などを言い当てている。

その後、寛弘《かんこう》四（一〇〇七）年に発見された『四天王寺御手印縁起《してんのうじごしゅいんえんぎ》』や天喜《てんき》二（一〇五四）年の『太子御記文《たいしごきぶん》』を皮切りに、聖徳太子が生前に記して隠し置いたとされる予言書が続々と発見される。これらの予言書を総称して「未来記《みらいき》」と呼ぶ。

その内容は、平安期は仏教興隆や太子後身の予言が主だったが、鎌倉以降は政治色が強いものが増えていった。

『太平記絵巻』

楠木正成が「未来記」を読む場面。　（埼玉県立歴史と民俗の博物館所蔵）

予言者としての聖徳太子の名を高めたのは、楠木正成《くすのきまさしげ》が四天王寺で読んだとされる「未来記」だろう。

その内容は『太平記《たいへいき》』に引用されているが、それによると、正成は、鎌倉幕府が倒れることを記した「未来記」に力を得て討幕に邁《まい》進《しん》したという。

さらに江戸期に入ると「未然《みぜん》記《き》」が発見された。群馬県の不動《ふどう》寺《じ》の住職・潮音《ちょうおん》が発見したもので正式には『未然本記《ほんき》』と呼ばれ、やはり聖徳太子の予言書とされるものである。

第五章
聖徳太子への信仰

信仰を拡げた僧たち

聖徳太子の慧思後身説を奉じた
奈良・鎌倉時代の名僧

聖徳太子信仰の伝道者となった名僧たち

聖徳太子信仰を世間に広く知らしめたのは奈良時代の唐僧・鑑真《がんじん》、平安時代の僧・空海《くうかい》、最澄という、いずれも日本有数の名僧たちである。彼らはいずれも聖徳太子を篤く崇拝していた。

鑑真に帰依した淡海《おうみの》三船《みふね》による『唐大和《とうだいわ》上《じょう》東征伝《とうせいでん》』によると、鑑真は来日の要請に来た日本の使者から「日本に仏法は伝来しているが伝える人はいない。かの聖徳太子が『二〇〇年後に聖教が日本に興隆する』と言われたが今がその時である」という説得を受けて来日したという。鑑真は聖徳太子に導かれて来日したのである。

鑑真の来日から約五〇年後の平安時代初め、もっとも深く聖徳太子に帰依したとされるのが日本天台宗の祖・最澄である。最澄は聖徳太子の慧《え》思《し》後身《こうしん》説を唱《とな》え、五十歳の時には四天王寺に参詣し、自らを聖徳太子の前身慧思から見て五代目の後継

聖徳太子信仰を広めた名僧たち

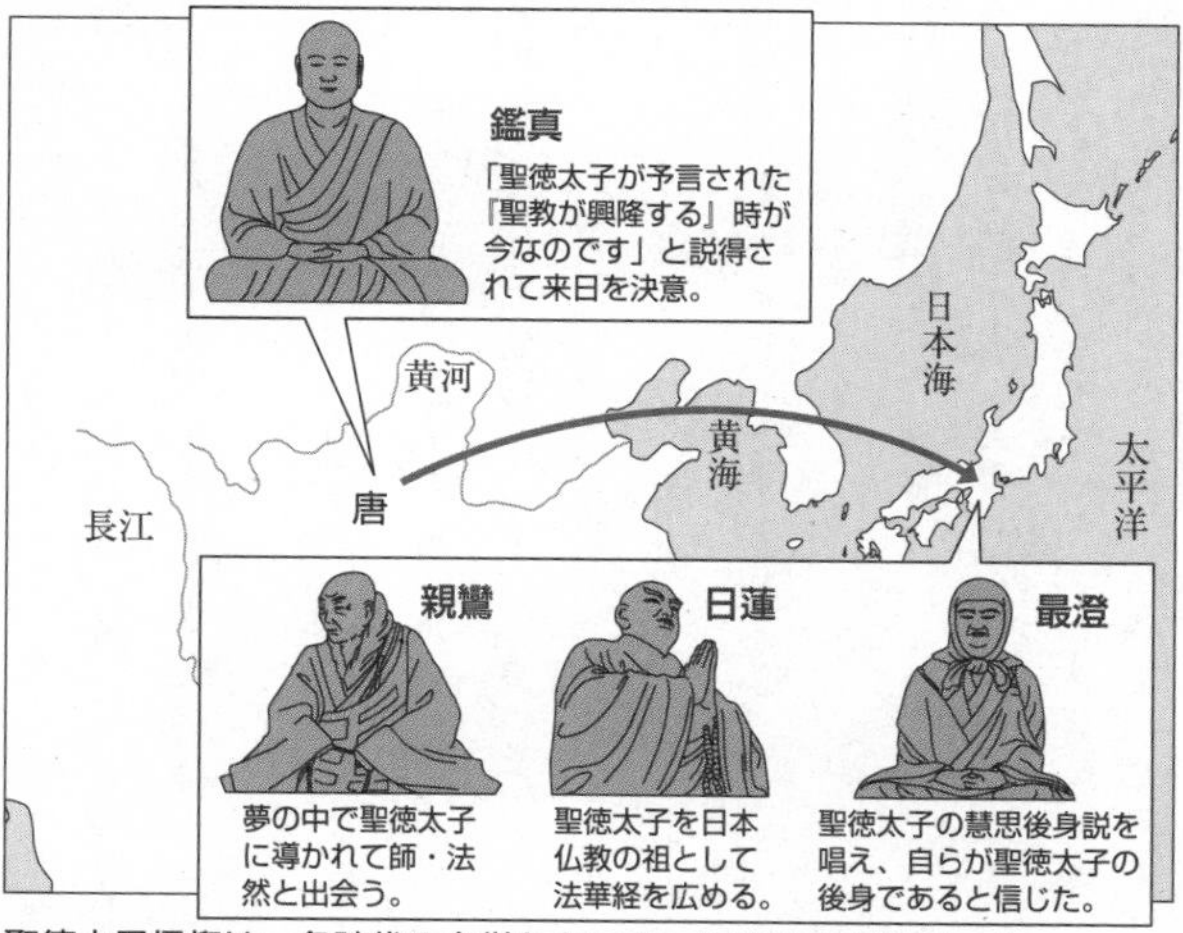
鑑真
「聖徳太子が予言された『聖教が興隆する』時が今なのです」と説得されて来日を決意。
黄河
黄海
日本海
太平洋
唐
長江
親鸞
夢の中で聖徳太子に導かれて師・法然と出会う。
日蓮
聖徳太子を日本仏教の祖として法華経を広める。
最澄
聖徳太子の慧思後身説を唱え、自らが聖徳太子の後身であると信じた。

聖徳太子信仰は、各時代の名僧たちによって広められていった。

聖徳太子の影響を受けた新仏教開祖たち

		宗派	開祖	支持者
平安新仏教		天台宗(806)	最澄	京の貴族・公家
平安新仏教		真言宗(823)	空海	京の貴族・公家
鎌倉新仏教	浄土宗系	浄土宗(1175)	法然	京の公家・武士
鎌倉新仏教	浄土宗系	浄土真宗(1224)	親鸞	武士・下層農民(関東・北陸・近畿)
鎌倉新仏教	浄土宗系	時宗(1274)	一遍	浮浪人・武士・農民
鎌倉新仏教	天台宗系	日蓮宗(1253)	日蓮	下級武士・商工業者

者であるとして、聖徳太子に天台の加護《かご》を祈願している。

最澄と平安新仏教双璧とみなされた真言宗の祖・空海も聖徳太子慧思後身説を支持した一人。空海の死後は、空海自身が聖徳太子の化身とみなされるようになった。

日蓮宗《にちれんしゅう》の祖・日蓮は天台宗に学び、『法華経』信仰の再生をはかった。日蓮は聖徳太子を『法華経』伝来の祖、日本仏教の祖と称えている。『法華経』による現世の仏国土の現出を説いた『立正安国論《りっしょうあんこくろん》』も、聖徳太子が目指した鎮護《ちんご》国家思想を受け継ぐものであった。

鎌倉時代には時宗《じしゅう》の開祖、一遍《いっぺん》もまた聖徳太子ゆかりの四天王寺で人々に初めて念仏《ねんぶつ》を勧め、真言宗の叡尊《えいそん》も太子を信仰し、太子講《たいしこう》を恒例行事にしている。

聖徳太子に導かれた親鸞

太子信仰を語る上で欠かせないのが浄土真宗《じょうどしんしゅう》の祖・親鸞《しんらん》の存在である。親鸞は、太子信仰を庶民に定着させるのに大きく貢献している。

真宗寺院はこぞって太子像を安置し、それが庶民の太子信仰を本格化させる機運となった。

親鸞と聖徳太子の関わりも興味深い。親鸞にとって聖徳太子は自らを教え、導いてくれた恩人であるのだ。

それは修行でも悟《さと》りに至らず悩んでいた親鸞三十歳のとき。親鸞は聖徳太子創建と伝わる六角堂（頂法寺）に参籠《さんろう》した。

九五日目の明け方、救世《ぐぜ》観音が聖徳太子と共に姿を現し、「親鸞が女犯《にょぼん》をしなければならなくなった時は私がその女性となって生涯仕え、臨終の際には極楽浄土に導きましょう」というお告げを下したという。それは愛欲にさいなまれていた親鸞にとっては開眼《かいげん》にも等しいお告げであった。こうして聖徳太子に導かれて法然《ほうねん》を訪ね、修行に励んだのである。

親鸞は以後、聖徳太子に深く帰依《きえ》する。妻帯《さいたい》した親鸞にとって、在家仏教の最初の実現者ともいえる聖徳太子の存在は大きかった。親鸞は聖徳太子和讃《わさん》（聖徳太子を讃える歌）を数多く手がけ、聖徳太子を和国《わこく》の教主《きょうしゅ》、つまり日本の釈迦《しゃか》であると称《たた》えている。

第五章
聖徳太子への信仰

太子講

現代に続く建築技術者による聖徳太子信仰

●庶民たちの太子信仰

現代にも続く太子信仰のひとつが太子講である。太子講とは、大工《だいく》や左官《さかん》など、主に建築関係の職人たちが、賃金などの申し合わせをする行事である。

太子講は、太子信仰が庶民レベルにまで広く浸透した室町時代、太子信仰に職業講が結びつく形で成立し、江戸時代には年間行事化するまでに至った。

建築業者で太子講が結成された理由としては、江戸時代の『そしり草』では「俗説に、太子摂政の時、諸職人受領《しょしょくにんずりょう》せし其恩《そのおん》を謝《しゃ》する為《ため》」と記されている。

もう一つの理由としては、『伝暦』に聖徳太子が寺院建立の祖であったとする伝承も挙げられる。大工たちは聖徳太子を自分たちの祖とみなし、職能を守護する神として祀ったのだという。

太子講は信仰的な側面だけではなく、経済的側面も併せ持っているのが特徴だ。

『聖徳太子絵伝』―寺院建立―

職人たちによる建築作業の様子。左上は三宝興隆を命じる聖徳太子。
（山内勝春、古藤養真／東京国立博物館所蔵）

櫻井徳太郎氏が『講集団の研究』（吉川弘文館）の中で、太子講は聖徳太子を職人の守護神として祀る宗教的行事である一方、仕事上での決め事や申し合わせのための集まりでもあると指摘している。

江戸時代の太子講は、太子画像を掲げて礼拝したのち、会食しながら賃金の取り決めなどの談合《だんごう》をするというのが通例だったようである。

太子講の開催日は聖徳太子の忌《き》日《にち》とされる二月二二日のほか、正月・五月・九月の一七日とするところも多い。

コラム

聖徳太子ゆかりの寺⑤

叡福寺《えいふくじ》

豊臣秀頼の再建による聖霊殿には聖徳太子像が安置されている。

アクセスデータ
近鉄長野線喜志駅からバス上ノ太子行き、
または循環線で10分、太子前下車すぐ

王陵の谷とも呼ばれる大阪府南河内郡太子町は、敏達《びだつ》天皇陵、用明《ようめい》天皇陵、推古《すいこ》天皇陵、孝徳《こうとく》天皇陵など多くの天皇陵が集中している土地。そして、その町名からもあきらかなように聖徳太子ゆかりの史跡も多く存在する。そんな太子町の中でも、ぜひとも足を運びたいのが「上《かみ》の太子」こと叡福寺である。

境内奥には石の囲いがめぐらされた太子御廟《ごびょう》が存在する。宮内庁管轄の御廟内を拝観することはできないが、石室内部には、中央に聖徳太子の母・穴穂部間人皇女《あなほべのはしひとのひめみこ》、東に聖徳太子、西に菩《ほ》岐々美郎女《ききみのいらつめ》の石棺が並んで安置されているという。

また、太子堂ともよばれる聖霊殿《しょうりょうでん》には、後鳥羽《ごとば》上皇から下賜《かし》されたと伝わる聖徳太子十六歳像や、愛らしい姿が有名な南無《なむ》仏太子《ぶつたいし》二歳像が祀《まつ》られている。

第六章

聖徳太子を巡る人々

蘇我稲目《そがのいなめ》
宣化天皇、欽明天皇のもとで大臣を務める。天皇と姻戚関係を結び蘇我氏の繁栄の礎を築いた。

小姉君《おあねのきみ》
欽明天皇との間に、茨城皇子、葛城皇子、穴穂部間人皇女、穴穂部皇子、泊瀬部皇子をもうける。

蘇我馬子《そがのうまこ》
敏達、用明、崇峻、推古朝の大臣を務め、朝廷内で高い地位を保持。

崇峻天皇《すしゅんてんのう》
泊瀬部皇子。蘇我馬子に対する叛意を知られ、馬子の放った刺客の手で暗殺される。

河上郎女《かわかみのいらつめ》
崇峻天皇を殺した東漢直駒にさらわれる。

大伴小手子《おおとものこてこ》
馬子に崇峻天皇の叛意を讒言したといわれる。

蘇我蝦夷《そがのえみし》
推古天皇の後継者問題で、山背大兄王擁立派を退け舒明天皇（田村皇子）を即位させる。

穴穂部間人皇女《あなほべのはしひとのひめみこ》
用明天皇崩御後は、用明天皇と石寸名（蘇我稲目の娘）の間にできた田目皇子と結婚、一女をもうける。

刀自古郎女《とじこのいらつめ》
聖徳太子の２番目の妻と推定される女性。

菩岐々美郎女《ほききみのいらつめ》
聖徳太子の斑鳩造営を援助したともいわれる膳傾子の娘。聖徳太子の４人の妻の中でも最愛の女性とされる。

春米女王《つきしねのひめみこ》
宮王家の結束強化のた、聖徳太子の嫡男・山大兄皇子と結婚。

山背大兄王《やましろのおおえのおう》
蘇我蝦夷に即位を阻まれ、蘇我入鹿によって一族滅亡に追い込まれる。

蘇我入鹿《そがのいるか》
山背大兄王一族を死に追いやり、専横を極めるも、乙巳の変で中大兄皇子に滅ぼされる。

聖徳太子 関係図

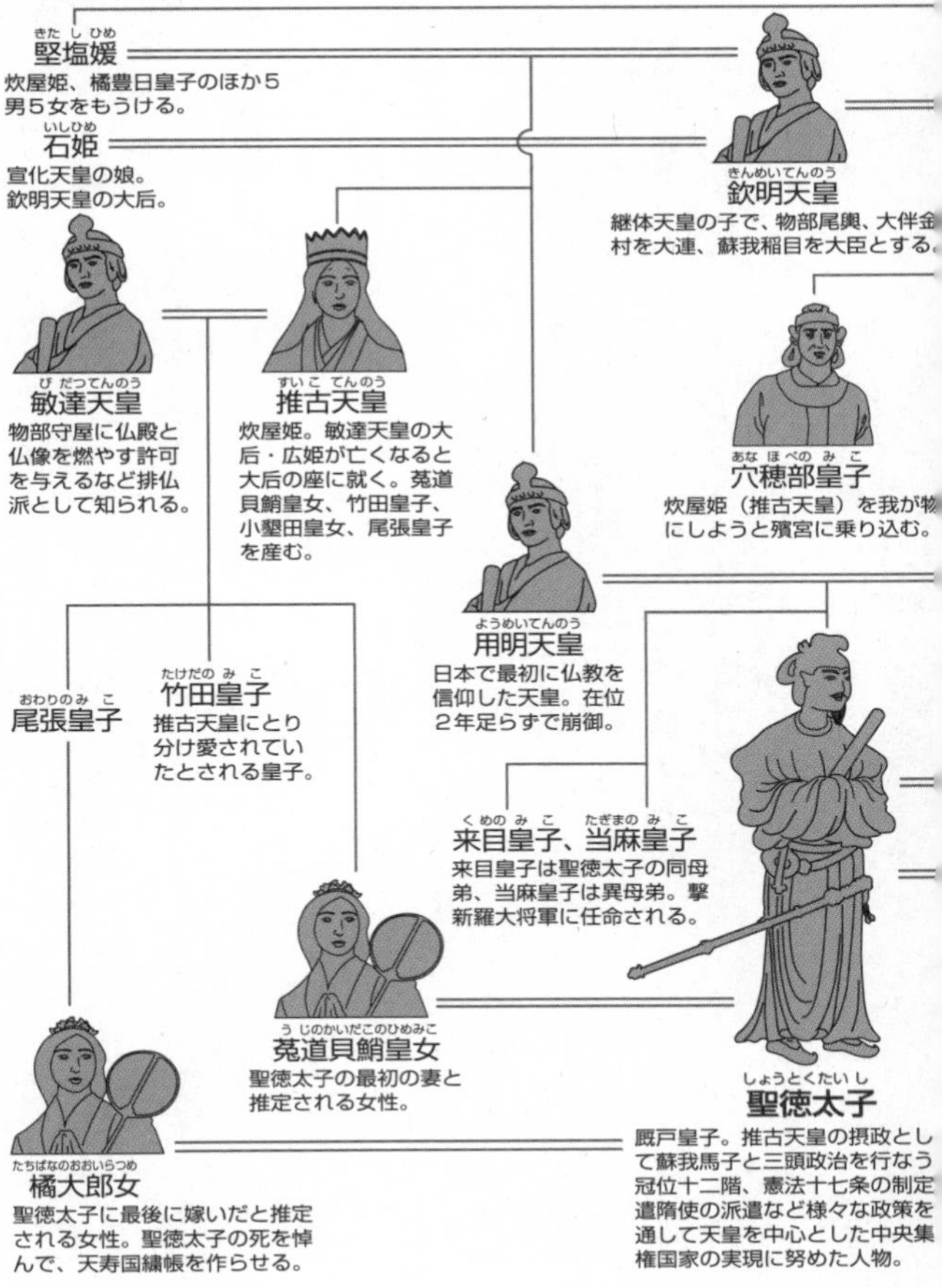

堅塩媛《きたしひめ》
炊屋姫、橘豊日皇子のほか5男5女をもうける。
石姫《いしひめ》
宣化天皇の娘。欽明天皇の大后。
欽明天皇《きんめいてんのう》
継体天皇の子で、物部尾輿、大伴金村を大連、蘇我稲目を大臣とする。
敏達天皇《びだつてんのう》
物部守屋に仏殿と仏像を燃やす許可を与えるなど排仏派として知られる。
推古天皇《すいこてんのう》
炊屋姫。敏達天皇の大后・広姫が亡くなると大后の座に就く。菟道貝鮹皇女、竹田皇子、小墾田皇女、尾張皇子を産む。
穴穂部皇子《あなほべのみこ》
炊屋姫（推古天皇）を我が物にしようと殯宮に乗り込む。
用明天皇《ようめいてんのう》
日本で最初に仏教を信仰した天皇。在位2年足らずで崩御。
竹田皇子《たけだのみこ》
推古天皇にとり分け愛されていたとされる皇子。
尾張皇子《おわりのみこ》
来目皇子《くめのみこ》、当麻皇子《たぎまのみこ》
来目皇子は聖徳太子の同母弟、当麻皇子は異母弟。撃新羅大将軍に任命される。
菟道貝鮹皇女《うじのかいだこのひめみこ》
聖徳太子の最初の妻と推定される女性。
聖徳太子《しょうとくたいし》
厩戸皇子。推古天皇の摂政として蘇我馬子と三頭政治を行なう冠位十二階、憲法十七条の制定遣隋使の派遣など様々な政策を通して天皇を中心とした中央集権国家の実現に努めた人物。
橘大郎女《たちばなのおおいらつめ》
聖徳太子に最後に嫁いだと推定される女性。聖徳太子の死を悼んで、天寿国繍帳を作らせる。

第六章 聖徳太子を巡る人々

推古天皇

蘇我馬子の後押しで即位した美貌の女帝

史上初の女帝誕生

日本初の女帝として知られる推古《すいこ》天皇は、三十年余りに渡って天皇（大王《おおきみ》）の座に君臨した女性である。父は欽明《きんめい》天皇、母は蘇我稲目《そがのいなめ》の娘・堅塩媛《きたしひめ》であり、用明《ようめい》天皇の同母妹《どうぼまい》にあたる。幼名は額田部皇女《ぬかたべのひめみこ》、別名を炊屋姫《かしきやひめ》とする。

欽明三二（五七一）年、十八歳で異母兄《いぼけい》・敏達《びだつ》天皇の妃《きさき》となり、敏達天皇の大《おお》后《きさき》・広姫《ひろひめ》の死後、敏達五（五七六）年に大后となった。敏達天皇との間には菟道《うじの》貝鮹皇女《かいたこのひめみこ》（聖徳太子《しょうとくたいし》の妃）・竹田皇子《たけだのみこ》・尾張皇子《おわりのみこ》など二男五女をもうけるも、三十二歳で敏達天皇と死別。三十九歳になった崇峻《すしゅん》五（五九二）年、崇峻天皇暗殺ののち、叔父・蘇我馬子《うまこ》ら群臣に推戴《すいたい》されて即位する。

彼女の即位は、非蘇我系の押坂彦人大兄皇子《おしさかのひこひとのおおえのみこ》の即位を回避するための苦肉の策だったともいわれる。しかし、当時の炊屋姫は、敏達天皇の大后として朝廷内でも

7世紀初頭の堅塩媛系と小姉君系の領地

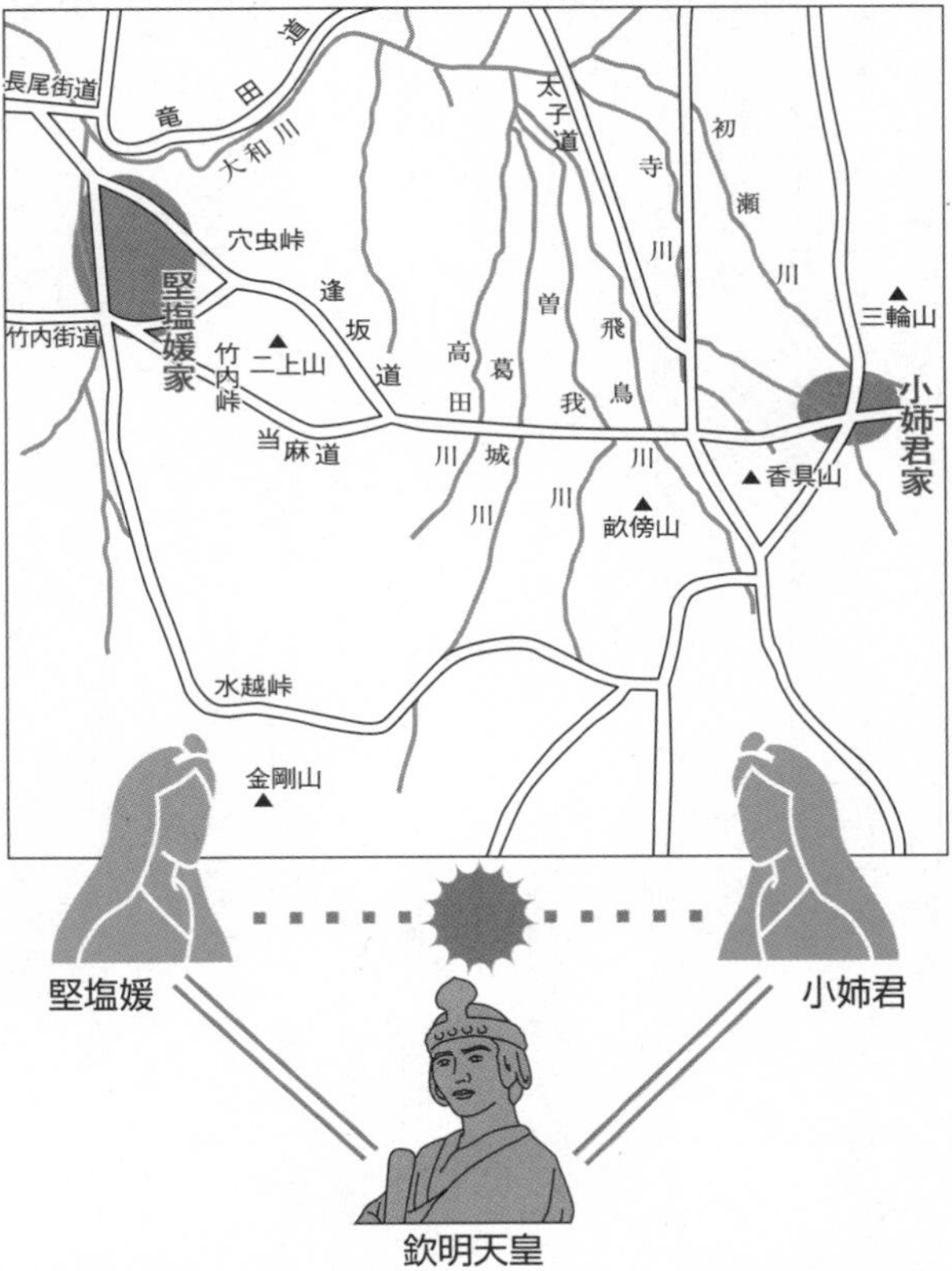

蘇我稲目の娘・堅塩媛と小姉君は欽明天皇の寵を巡って争う立場にあった。領地面積からすると推古天皇の母・堅塩媛が小姉君よりもやや優勢のように見える。

一定以上の存在感を持っていたのみならず、額田部という私部集団を従えていた彼女の経済力は他の皇族を圧倒していた。彼女が皇族の中で長老格であり、即位するにふさわしい条件を備えていたというのは想像に難くない。

また、治世を見てみると推古天皇は政治的バランス感覚に優れていたことがわかる。即位後は大臣の叔父・蘇我馬子、摂政《せっしょう》の甥・聖徳太子の補佐を受けながらも、冠位十二階《かんいじゅうにかい》の制定など政務運営の舵取《かじと》りをこなし、長期安定政権を実現している。

前田晴人氏によると、彼女が長期政権を築くことができた要因の一つは、宗教問題のバランスをうまく取ったことにあるという。炊屋姫は、飯米《はんまい》を炊《かし》ぐ炊女《かしきめ》の役割を持つ名前であり、新嘗祭《にいなめさい》など女性司祭者としての役割を持っていたことが予想される。

さらに炊屋姫は、天皇家の祭祀《さいし》と関わりの深い三輪山《みわやま》に抱かれた地で育ち、祭祀に造詣《ぞうけい》の深い天皇だったという。

そのためか、聖徳太子や馬子の仏教興隆事業などを後押しする一方で、神祇《じんぎ》祭祀を怠らないようにと詔《みことのり》を発して仏教と神祇とのバランスを取ることに腐心した。これが豪族間の不用な諍《いさか》いを防いだのである。

推古天皇陵

大阪府太子町にある推古天皇陵。

●皇子に横恋慕された美貌の女帝

『日本書紀《にほんしょき》』に「姿色端麗《みかおきらぎら》しく、進止軌制《ふるまいおさおさ》し」と形容されるその美しさは、穴穂部皇子《あなほべのみこ》が敏達天皇崩御後に喪に服す炊屋姫を犯そうと殯宮《もがりのみや》に侵入したという事件からも想像できる。

推古天皇は、聖徳太子と馬子が亡くなったのちも君臨し、推古三六（六二八）年、七十五歳で没し、推古という諡号《しごう》がおくられた。遺言により竹田皇子陵に合葬され、のち河内の磯長山田陵《しながのやまだのみささぎ》に移された。合葬陵は近年奈良県橿原市《かしはらし》五条野《ごじょうの》で確認されている。

蘇我馬子

朝廷を取り仕切った推古朝の権力者

●蘇我氏の台頭

六～七世紀の政界をリードした蘇我氏は、葛城《かつらぎ》氏・平群《へぐり》氏・巨勢《こせ》氏へと引き継がれた「大臣《おおおみ》」の地位についた最後の氏族でもある。

蘇我氏の起源については謎が多く、伝説の宰相・武内宿禰《たけうちのすくね》の子孫といわれるが定かではない。

蘇我氏が急速に台頭したのは蘇我稲目が宣化《せんか》・欽明《きんめい》朝で大臣となった頃からだが、その就任経緯については不明である。

蘇我氏躍進の一因としては、蘇我氏が朝廷の「蔵《くら》」の管理に携わり財政を担ったこと、百済《くだら》系渡来人の東漢氏《やまとのあやうじ》らに支えられ、大陸の先進文化を摂取したことが挙げられる。

稲目の子・馬子の時代には蘇我氏の権勢が頂点を極める。これは、稲目が娘二人

蘇我氏の系譜

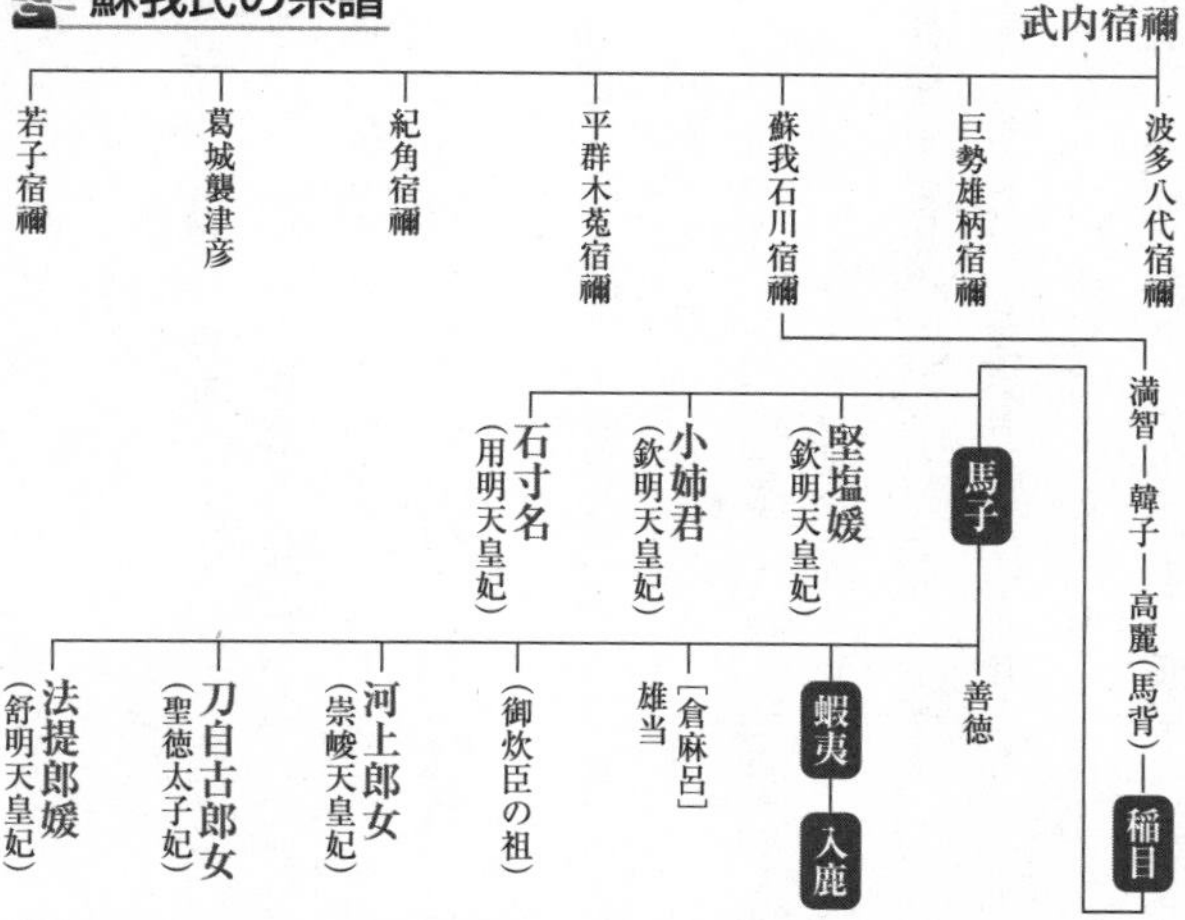

武内宿禰から始まる蘇我氏は稲目・馬子でその後の繁栄の礎を築いた。

を天皇に嫁がせて外戚《がいせき》となり、三人の天皇を誕生させたという婚姻政策に起因している。

敏達朝で大臣となった馬子は以降、用明、崇峻、推古と蘇我系の天皇を推戴することで、天皇家の外戚として順調に権力を拡大していった。また、百済との濃厚なつながりから仏教の受容にも積極的で、日本初の本格寺院となる法興《ほうこう》寺《じ》を建立している。

馬子の人となりは『日本書紀』に「武略《ぶりゃく》ありて、また弁才《べんさい》有り」と記されている。馬子は武勇に秀でていたのみならず、優れた政治家でもあったのだ。

●政界の黒幕になる

ただし、馬子の権勢も常時平穏だったわけではない。

馬子は大臣就任当初から大連《おおむらじ》・物部守屋《もののべのもりや》と勢力を二分して対立していた。その原因としては仏教の受容問題が取り沙汰されることが多いが、その実態は皇位継承にからむ権力争いであった。

用明天皇没後、次の皇位を巡って争いは激化し、ついに用明二（五八七）年、馬子は軍を率いて物部守屋を滅ぼし、甥にあたる崇峻天皇を立てる。しかしこの天皇の翻意《ほんい》があきらかになると、東漢直駒《やまとのあやのあたいこま》を使って天皇を暗殺している。

この後、非蘇我系の天皇擁立を阻止するべく馬子は、敏達天皇の大后で姪にあたる炊屋姫を推古天皇として即位させる。そして、推古朝では、馬子は摂政の聖徳太子とともに政治を取り仕切る存在となっていった。

聖徳太子の事績として知られる冠位十二階、憲法十七条《けんぽうじゅうななじょう》、遣隋使《けんずいし》派遣なども馬子の尽力が大きかったといわれている。また、『国記《こっき》』『天皇記《てんのうき》』の編纂でも中心的

飛鳥の蘇我氏

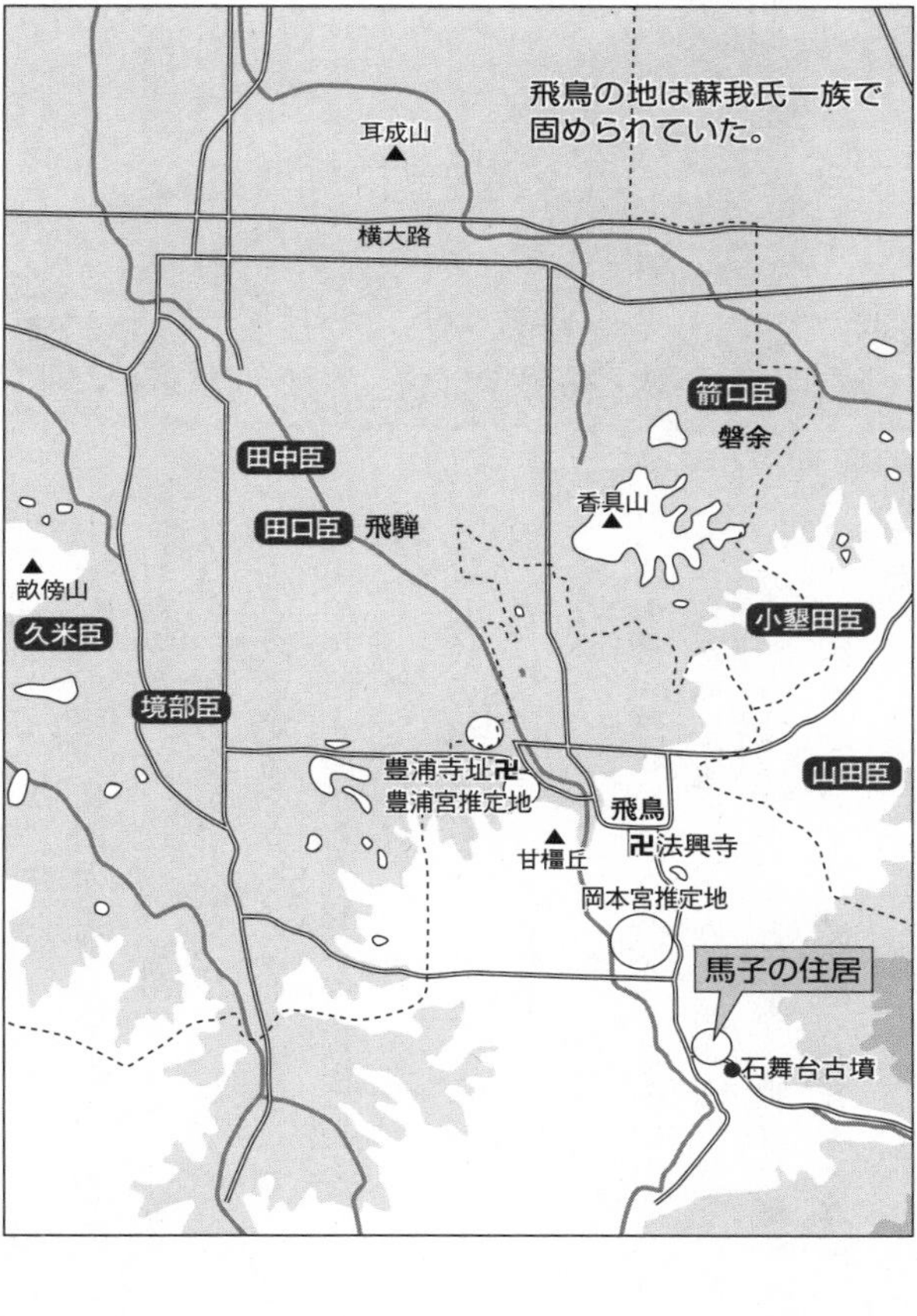

飛鳥の地は蘇我氏一族で
固められていた。
耳成山
横大路
箭口臣
磐余
田中臣
香具山
田口臣
飛騨
畝傍山
久米臣
小墾田臣
境部臣
豊浦寺址
豊浦宮推定地
山田臣
飛鳥
甘樫丘
法興寺
岡本宮推定地
馬子の住居
石舞台古墳

石舞台古墳

蘇我馬子の墓と伝わる。

役割を担っている。

その一方で、用明天皇、崇峻天皇、聖徳太子らに娘を娶《めと》らせ、次世代の外戚としての立場作りにも余念がなかったようだ。

この政策が功を奏し、馬子、馬子の子・蝦夷《えみし》、蝦夷の子・入鹿《いるか》へと蘇我氏の専横《せんおう》は長く引き継がれていった。

蘇我氏の権勢が磐石《ばんじゃく》なものとなった推古三四（六二六）年、馬子は推古天皇に二年先立ち亡くなった。

この後、蘇我氏は入鹿の代でその強引なやり方から次第に他の氏族の反発が強くなり権勢が衰え、皇極《こうぎょく》四（六四五）年、中大兄皇子《なかのおおえのみこ》らにより蝦夷と入鹿が滅ぼされ、蘇我本家は滅亡する。

第六章
聖徳太子を巡る人々

物部守屋

蘇我氏と並ぶ朝臣の巨頭

蘇我氏に滅ぼされた排仏派の急先鋒

物部氏は古代の有力氏族で、姓《かばね》は連《むらじ》。物部氏は、朝廷の軍事・警察的職掌《しょくしょう》を司《つかさど》り、神事にも深く関わった氏族で、石上神宮《いそのかみじんぐう》を氏神社とした。継体《けいたい》天皇の擁立に関わり台頭したとみられているが、系譜として確かなのは欽明天皇の御世《みよ》に物部尾輿《おこし》が朝廷で権力をふるったときからである。この尾輿の子が守屋である。母は弓削連《ゆげのむらじ》の祖で倭古《やまとのこ》の娘・阿佐姫《あさひめ》。妹は蘇我馬子の妻である。

守屋は敏達天皇のとき大連に任命されていたとみられているが、父の尾輿の姿勢を受け継ぎ、仏教受容に異を唱え、蘇我氏と対立した。敏達一四（五八五）年に、疫病の流行は崇仏《すうぶつ》への国《くに》つ神《かみ》の怒りだとして、守屋は中臣勝海《なかとみのかつみ》とともに馬子が建てた塔を倒し、仏像を捨てている。同年、敏達天皇の死に際しては、その殯宮においで大きな刀を背負う小柄な馬子を「大きい矢で射《い》られた雀《すずめ》のようだ」と嘲笑《ちょうしょう》。

物部守屋の墓

大阪府八尾市にある守屋のものと伝わる墓。

馬子も「鈴をつけてはどうですか」と守屋が手足を大げさに震わせている姿を揶揄《やゆ》し、その対立は周知となった。以降、病弱な用明天皇の跡目を巡って守屋は用明天皇の異母弟の穴穂部皇子を推し、挙兵をはかるもそれを馬子に察知され、馬子の軍勢に囲まれた。守屋も奮闘したが聖徳太子の活躍によって最後は死に追い込まれてしまった。

ただし、物部氏も実は早くから仏教を受容していたという説もある。蘇我氏との対立は皇位が絡《から》む権力争いのほか、領地問題の激突とみるむきもある。

守屋は河内国渋川《かわちのくにしぶかわ》を基盤として、渋川から難波《なにわ》にいたる要衝の大和川ルートを押さえていた。一方、大和国高市郡《たかいちのこおり》から葛城へ進出した蘇我氏も渋川へ到達。そのため両者の対立は大和川ルートの掌握を巡る攻防にあったともみられている。

第六章
聖徳太子を巡る人々

秦河勝

軍事・外交で活躍した聖徳太子のブレーン

●聖徳太子の側近として活躍

半跏思惟像《はんかしゆいぞう》で有名な広隆寺《こうりゅうじ》（蜂岡寺《はちおかでら》）を創建したといわれる秦河勝《はたのかわかつ》は、渡来人としての軍事や外交の知識を活かし、聖徳太子のブレーンとして活躍した。

秦《はた》氏は秦《しん》の始皇帝《しこうてい》の末裔《まつえい》と称し、同じ渡来系の漢氏《あやうじ》と並んで古代日本の歴史と文化を支えた渡来系氏族である。本拠地は京都の太秦《うずまさ》周辺とされ、平安京《へいあんきょう》の大内裏《だいだいり》は秦氏の居宅跡だったともいわれている。秦氏は琵琶湖畔や桂川《かつらがわ》にも進出して水田の開発、養蚕《ようさん》の事業などを手がけた。その勢力は全国に広がり、のちには伊勢《いせ》や東国にまで商業活動の手を広げている。

秦河勝も海外事情に通じ、また軍事、土木事業などの技術でもって斑鳩造営を支えたとみられるが、その詳しい経歴はよくわかっていない。

『聖徳太子伝暦《でんりゃく》』など太子関連の書物には、河勝が聖徳太子に従って衣摺《きぬずり》の戦いに参戦したとある。その中で聖徳太子に戦勝祈願するよう進言し、太子の矢が守屋の胸に命中すると、河勝がその頭を斬ったという。その功績により冠位十二階では大仁《だいにん》を与えられたというが、実際戦いに参加したかどうかは疑問視する学者も多い。

●邪教退治で活躍

秦河勝は『日本書紀』に三度登場する。一度目は推古一一（六〇三）年、聖徳太子から仏像を賜《たまわ》り、蜂岡寺を創建し、その仏像を安置したという記事である。二度目は推古一八（六一〇）年、任那《みまな》、新羅《しらぎ》の使者を出迎えたという記事がある。三度目は時代が下り、皇極三（六四四）年に、大生部多《おおふべのおお》なる人物が、常世神《とこよのかみ》と称した蚕《かいこ》に似た虫を村人に祀《まつ》らせて民衆を惑わしたので、秦河勝がこれを退治したという記事である。これが全て事実ならば河勝はかなり長命だったことになる。

『日本書紀』には、聖徳太子の没後一年あまりのちに新羅から仏像、舎利《しゃり》などが贈られ、広隆寺と四天王寺《してんのうじ》におさめられたという記録がある。谷川健一氏は『四天王寺の鷹』（河出書房新社）で、これらは聖徳太子の供養《くよう》のための贈物で、これらの贈物が四天王寺のみならず秦氏の氏寺《うじでら》でもある広隆寺にも納められているという点

広隆寺

秦河勝の創建と伝わる広隆寺。

から、河勝が広隆寺と四天王寺のパイプ役を務めていた可能性があると指摘している。

聖徳太子との親密な関係を築いていた河勝だが、聖徳太子の子・山背大兄王《やましろのおおえのおう》が蘇我入鹿に襲撃されたときの動静は不明である。襲撃を受けて生駒山《いこまやま》に逃れた山背大兄王に、側近は秦氏の勢力圏である深草《ふかくさ》に逃れ再起をはかるよう進言したが、山背大兄王はこれを聞き入れずに自害。一方、入鹿からの迫害を恐れた河勝は、難波から船に揺られて西播磨《にしはりま》に逃れて隠棲《いんせい》したという伝承も伝えられている。

秦河勝の足跡

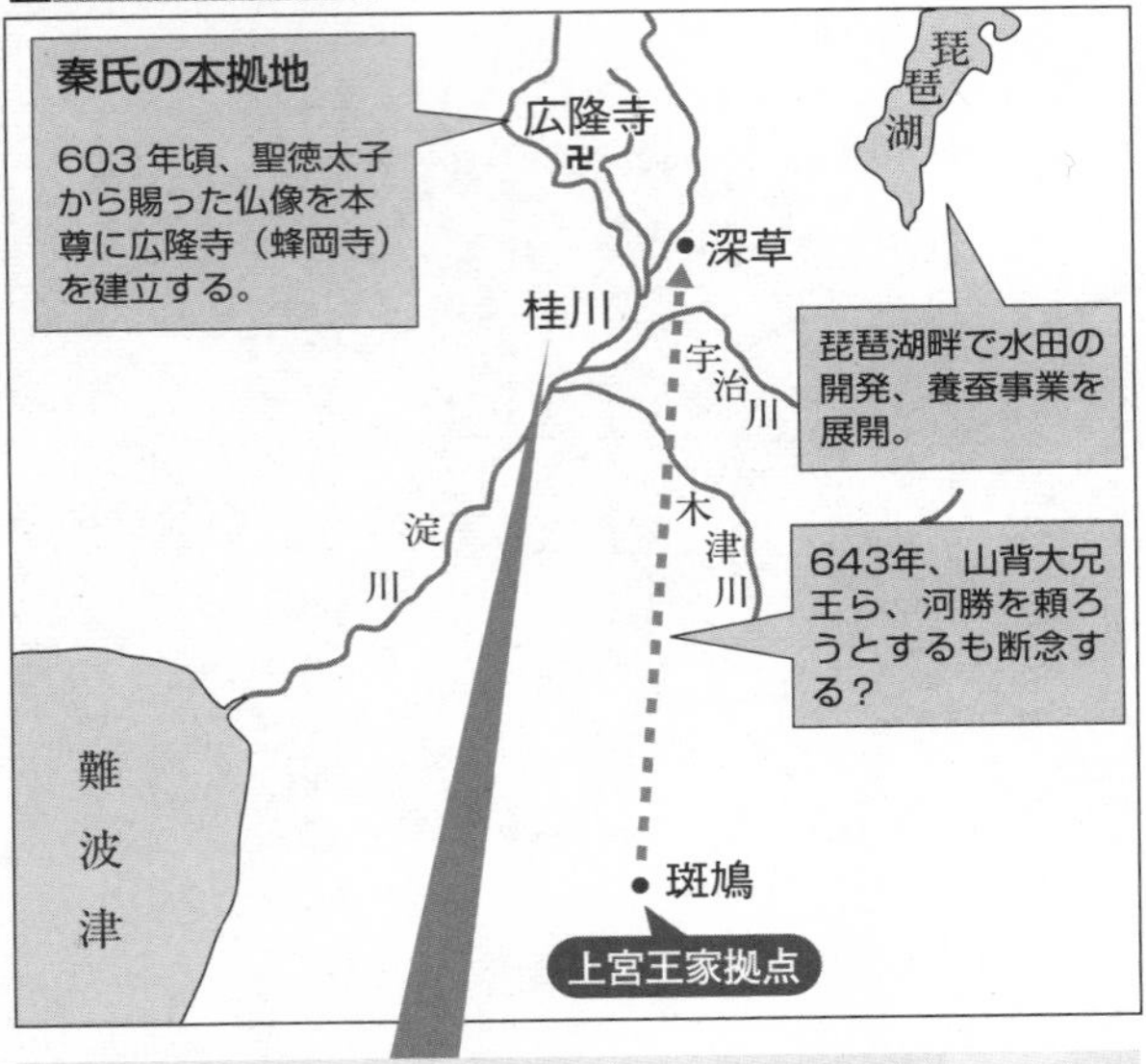
秦氏の本拠地
603年頃、聖徳太子から賜った仏像を本尊に広隆寺（蜂岡寺）を建立する。
広隆寺
深草
桂川
琵琶湖
琵琶湖畔で水田の開発、養蚕事業を展開。
宇治川
木津川
淀川
643年、山背大兄王ら、河勝を頼ろうとするも断念する？
難波津
斑鳩
上宮王家拠点

桂川治水事業で活躍

第六章
聖徳太子を
巡る人々

膳傾子

娘を介して聖徳太子と強力な紐帯を築いた有力豪族

聖徳太子の愛妃の一族

膳氏《かしわでし》は天皇の食事を奉仕した一族である。六世紀半ばに志摩《しま》、若狭《わかさ》、淡路《あわじ》、伊《い》豆《ず》などの新鮮な海産物の調達も司《つかさど》り、『日本書紀』には高句麗《こうくり》からの使者を饗応《きょうおう》した記録が残っている。

蘇我氏が物部氏を討伐した際には蘇我軍に参加しているが、聖徳太子と密接な関係を結んだのは膳傾子《かしわでのかたぶこ》の二人の娘が聖徳太子、その弟の来目皇子《くめのみこ》と結婚してからである。とりわけ聖徳太子は四人の妃の中でもとくに傾子の娘・菩岐々美郎女《ほききみのいらつめ》を寵愛《ちょうあい》し、彼女との間に八人の子女をもうけ、死後も合葬されている。

膳氏と聖徳太子が婚姻関係を結んだのは、その領地が近接していたためといわれている。『日本書紀』の雄略《ゆうりゃく》天皇の時代に膳臣斑鳩《かしわでのおみいかるが》の名があり、膳氏はもともと斑鳩付近を本拠地にしていたようだ。

法輪寺

膳氏の支援で建立された法輪寺。

膳氏は役職柄、渡来人たちとの接触も多かったことから、開明的な人物であった可能性が高い。同じく開明派とうたわれた、隣接した領地をもつ聖徳太子と意気投合し、聖徳太子一家と婚姻関係を結んだのも自然の流れだっただろう。

膳氏ゆかりの史跡として有名な法輪寺《ほうりんじ》は山背大兄王と舂米女王《つきしねのひめみこ》（菩岐々美郎女の娘）の子・弓削《ゆげの》王《みこ》の創建と伝わるが、大施主《だいせしゅ》は菩岐々美郎女とされている。この事実からして、上宮王家が膳氏の経済援助に支えられていた可能性は高いといえよう。

第六章
聖徳太子を巡る人々

慧慈

聖徳太子を高句麗仏教へ導いた師

道後温泉遊行にも同行

慧慈《えじ》は、聖徳太子に仏教の本格的な知識を授けたといわれる高句麗僧である。二〇年にわたって日本に滞在した慧慈は、聖徳太子と親密な関係を築いている。

慧慈は三論宗《さんろんしゅう》の学僧として知られ、『日本書紀』によれば推古三（五九五）年に高句麗より来日。翌年に飛鳥寺の完成に伴い、百済僧の慧聡《えそう》とともにそこに止住《しじゅう》したという。来日した理由については不明だが、対新羅戦への援助を求めて百済が日本に接近しているなか、高句麗も新羅や隋からの圧力におびえていた。森高広氏は、慧慈の来日の目的は三論宗の伝来だけでなく、こうした緊迫した朝鮮半島情勢を背景にした外交政策の目的もあったのではないかと推察している。

来日して飛鳥寺にとどまった慧慈は、当時二十二歳の聖徳太子と出会い、以後、二〇年間、高句麗仏教の師として聖徳太子を導いた。

聖徳太子と慧慈

愛媛県ゆかりの画家・長谷川竹友によって描かれた、道後温泉を訪れた聖徳太子と師・慧慈。 (道後温泉事務所提供)

『伊予国風土記《いよのくにふどき》』逸文《いつぶん》によると、来日の翌年、慧慈は葛城臣《かつらぎのおみ》とともに聖徳太子に従い、道後《どうご》温泉遊《ゆ》行《ぎょう》に同行した。

そこで残した碑文《ひぶん》には、聖徳太子を指して、「我が法王大王」と親しみを込めた呼称を用いるなど、随所に師弟の絆の深さを垣間見《かいまみ》ることができる。

この遊行に関しては、単なる湯治目的ではなかったという見解もある。上原和氏は伊予には聖徳太子の領地があったと指摘し、海外に出る制海権の掌握のための視察だとする説を唱えている。

●聖徳太子の命日に病没

慧慈に私淑《ししゅく》した聖徳太子は、慧慈の教えの集大成ともいえるお経の注釈書『三経義疏《さんぎょうぎしょ》』を完成させている。これは慧慈との共著ともいわれるが、完成の裏に慧慈の薫陶《くんとう》があったのは間違いない。また、聖徳太子は臨終の際にも山背大兄王に対して「諸の悪《もろもろのあしきこと》をな作《せ》そ。諸の善奉行《よきわざおこな》へ」と言い残している。これは慧慈が聖徳太子に伝えたといわれる『涅槃経《ねはんぎょう》』の一節。この言葉は遺言として、聖徳太子から子の山背大兄王へと受け継がれた。山背大兄王はのちに、蘇我氏との争いの中で側近の軽率な挙兵を戒《いまし》めるためにこの言葉を引用している。

こうして聖徳太子に多くの影響を与えた慧慈だが、推古二三（六一五）年に突然、高句麗へ帰国してしまう。

その理由については明らかではないが、森高広氏によると、対朝鮮から対隋外交へシフトした日本の外交政策への失望が原因ではないかという。

一方で、慧慈の聖徳太子への親愛の情は終生変わらなかったともいう。『日本書紀』によれば、聖徳太子が推古三〇（六二二）年に没したと聞いた慧慈は、太子と同じ日に死ぬことを願い、その通り翌年の同日病没した。

慧慈の動向

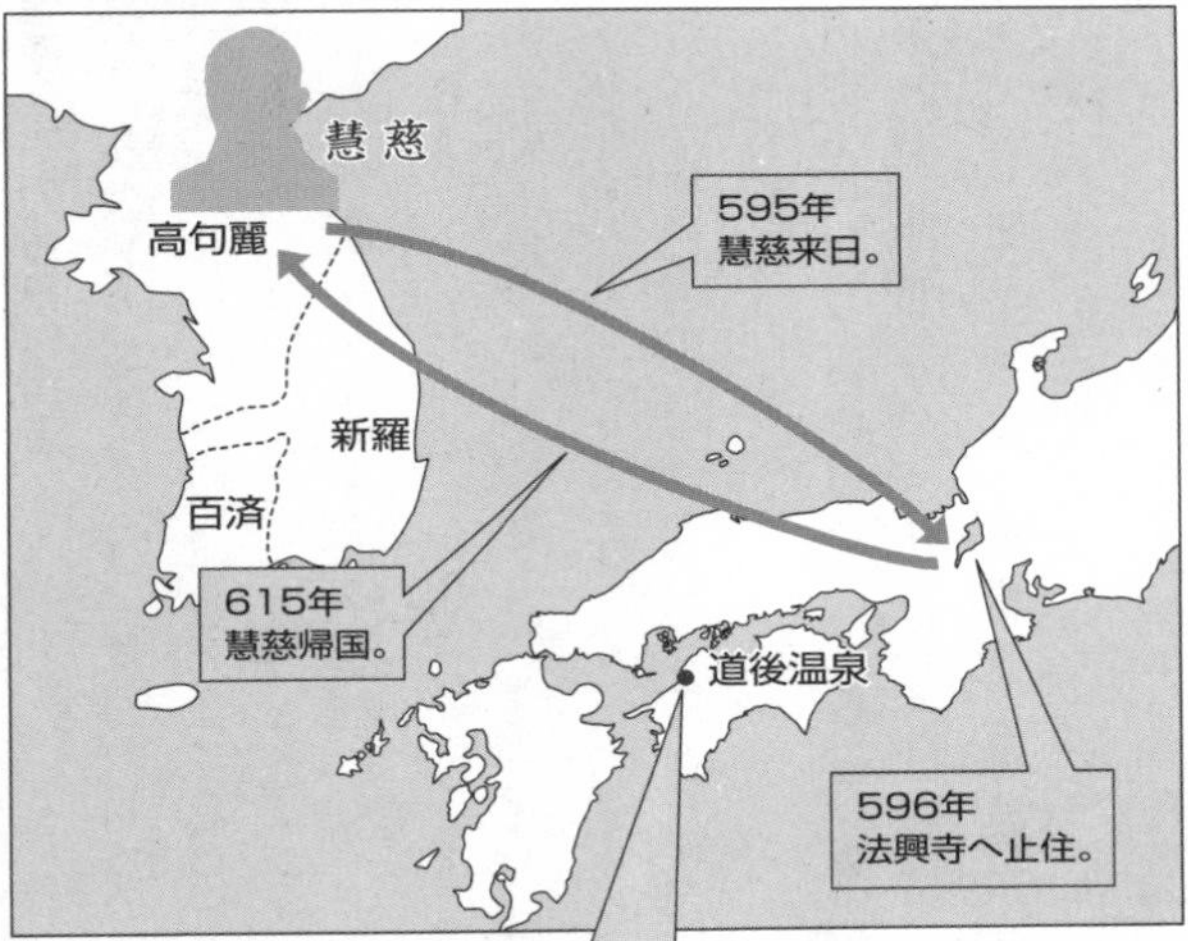

慧慈
595年
慧慈来日。
高句麗
新羅
百済
615年
慧慈帰国。
道後温泉
596年
法興寺へ止住。

596年、聖徳太子の温泉遊行に同行。写真は、聖徳太子が慧慈を伴い滞在した道後温泉で作った漢文を記した碑。この温泉遊行を始め、慧慈は聖徳太子と長期にわたり行動を共にしたと考えられる。

聖徳太子の師である慧慈は、聖徳太子の没した日と同じ日に死ぬことを望み、聖徳太子の没したちょうど一年後に没したという。

第六章
聖徳太子を巡る人々

聖徳太子の父母

仏教に帰依した父と晩年まで太子を支えた母

●蘇我系の内紛の末に生まれた政略結婚

聖徳太子の両親である橘　豊日皇子《たちばなのとよひのみこ》と穴穂部間人皇女《あなほべのはしひとのひめみこ》の結婚は、蘇我氏の内紛を牽制《けんせい》することを目的とした政略結婚だった。二人は欽明天皇を父に持つ異母兄妹。母は蘇我稲目の娘である堅塩媛と小姉君《おあねのきみ》である。欽明天皇からの寵《ちょう》を奪い合う堅塩媛と小姉君の姉妹の争いはそれぞれの子らにまで引き継がれ、いつしか堅塩媛系と小姉君系の蘇我系王族のグループが反目しあうまでになっていた。

堅塩媛系の炊屋姫が敏達天皇の大后になると、小姉君系の王族が敵愾心《てきがいしん》を燃やし、堅塩媛系の皇女を犯すなどの所業に走った。この事態を憂慮した蘇我馬子が、二系列の融和策として進めたのが用明天皇と穴穂部間人皇女との婚姻であり、その間に生まれたのが聖徳太子だったのである。

橘豊日皇子は、異母兄・敏達天皇のあとをうけて用明天皇として即位し、池辺双《いけべのなみ》

用明天皇陵

聖徳太子の父・用明天皇の墓。

槻《つき》に宮を構えた。用明天皇は最初に仏教に帰依《きえ》した天皇だが、一方で日本古来の神祇も疎《おろそ》かにしなかった。父の存在は聖徳太子の仏教保護のきっかけであり、斑鳩寺や四天王寺の建立も父の仏教帰依が機縁になっている。しかし、用明天皇は即位後間もなく病にかかり病没してしまう。

母の穴穂部間人皇女は用明天皇との間に、聖徳太子を筆頭に四皇子をもうけたが、天皇の死後、用明天皇と稲目の娘・石寸名《いしきな》との間の子・田目皇子《ためのおうじ》と再婚し、佐富女《さほのひめ》王《みこ》を産んでいる。

第六章
聖徳太子を巡る人々

聖徳太子の兄弟姉妹

聖徳太子が厚い信頼を寄せた
同母・異母の兄弟

弟を王族初の遠征将軍に

歴史の中で脚光を浴びることの少ない聖徳太子の兄弟姉妹だが、弟が聖徳太子の寵妃《ちょうき》の妹を娶《めと》るなど、兄弟仲は親密だったようだ。用明天皇と穴穂部間人皇女は聖徳太子を筆頭に来目《くめ》・殖栗《えぐり》・茨田《まんだ》の四皇子をもうけている。

『聖徳太子はなぜ天皇になれなかったのか』の著者・遠山美都男氏によると、来目皇子は大和国高市郡久米《くめ》を本拠とする来目臣《くめのおみ》か久米直《くめのあたい》に養育されたと考えられるという。来目皇子は、敏達天皇の娘・由波利王《ゆはりのみこ》との間に、男王《おとこのみこ》、星河女王《ほしかわのひめみこ》、佐《さ》富王《ほのみこ》を、菩岐々美郎女《ほききみのいらつめ》の妹・比里古郎女《ひろこのいらつめ》との間に高椅王《たかはしのみこ》をもうけた。聖徳太子は来目皇子を撃《げき》新羅大将軍に任じたが、皇子は途中の筑紫《つくし》で病没する。

殖栗皇子は山背国《やましろのくに》久世郡《くぜぐん》殖栗郷《ごう》を本拠とした殖栗連《むらじ》に、茨田皇子は河内国《かわちのくに》茨田郡茨田郷を本拠とした茨田連か茨田勝《すぐり》に養育されたというが、この二皇子の記録

聖徳太子の兄弟姉妹

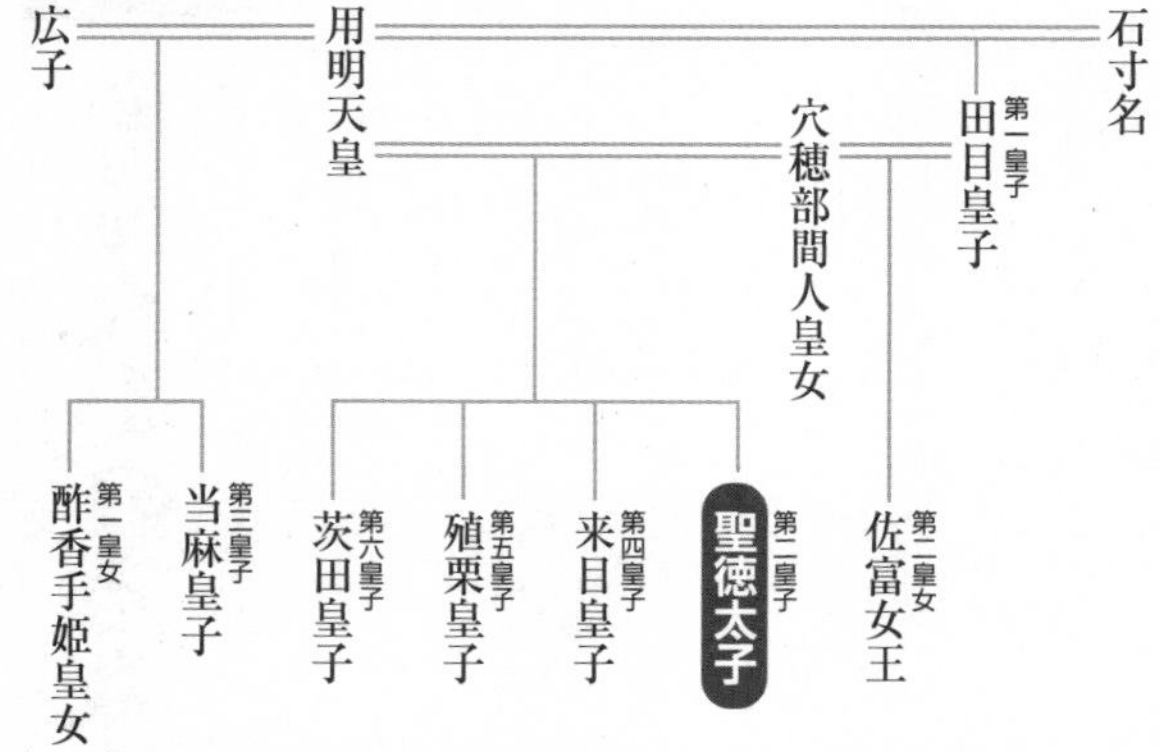

兄弟の中でも、同母弟の来目皇子と異母弟の当麻皇子は、聖徳太子主導の新羅征討戦でも撃新羅大将軍に任命されていることから、もっとも親しい間柄にあったことが予想される。

は今は伝わっていない。

聖徳太子の異母兄の田目皇子（母は蘇我稲目《いなめ》の娘の石寸名）は父・用明天皇の死後、穴穂部間人皇女との間に佐富女王をもうけている。また、異父妹の佐富女王は聖徳太子の子・長谷部王《はせべのみこ》の妃となっている。

異母弟の当麻皇子《たぎまのみこ》（母は葛城《かつらぎの》直《あたい》磐村《いわむら》の娘・広子《ひろこ》）は来目皇子亡きあとの撃新羅将軍に任じられるも、道中で妻の舎人姫王《とねりのひめみこ》（用明天皇の実妹）を亡くし帰還した。

同じく異母妹の酢香手姫皇女《すかてひめのひめみこ》は伊勢斎宮《いせのいつきのみや》を務めている。

第六章
聖徳太子を巡る人々

聖徳太子の妃たち

斑鳩の理想郷づくりの一端を担った女性たち

聖徳太子と四人の妃

聖徳太子は菟道貝鮹皇女《うじのかいたこのひめみこ》、橘大郎女《たちばなのおおいらつめ》、刀自古郎女《とじこのいらつめ》、菩岐々美郎女《ほききみのいらつめ》の四人の妃を娶《めと》った。妃たちは聖徳太子と共に斑鳩に転居し、斑鳩造営に一役買ったようだ。

聖徳太子の宮は現在の法隆寺東院にあたる夢殿《ゆめどの》のあたり。ここに隣接する中宮《ちゅうぐう》寺《じ》は現在より四〇〇メートル東にあり、聖徳太子の母・穴穂部間人皇后が住んでいたという。ここには橘大郎女も同居したとみられている。

馬子の娘・刀自古郎女は斑鳩宮の東、法起寺《ほっきじ》の地とされる岡本宮《おかもとのみや》に住み、聖徳太子の寵愛が深い菩岐々美郎女は斑鳩宮の南東、飽波葦垣宮《あくなみのあしがきのみや》に住んだとされる。

こうしてみると、斑鳩の地には、聖徳太子の斑鳩宮を中心に、その近くに母と正妃、東に刀自古郎女、南に菩岐々美郎女が配されて、聖徳太子の聖域とも呼べる地域が形成されていたことがわかる。

斑鳩宮での聖徳太子と妃たちの住まい

岡本宮
（現・法起寺）
山背大兄王、財王、日置王、片岡女王らも居住。
刀自古郎女
白髪部王、手嶋女王らが居住。さらに、穴穂部間人皇女も居住。
中宮
（旧・中宮寺）
橘大郎女
斑鳩宮
（現・法隆寺）
飽波葦垣宮
（上宮遺跡付近）
善岐々美郎女
聖徳太子
学僧を集めて執政。
舂米女王、長谷王、久波多女王、波止利女王、伊止志古王、麻呂古王、馬屋古王（三枝王）らが居住。

聖徳太子の最初の妻とされる菟道貝鮹皇女は斑鳩転居前に早世したと考えられる。

第六章
聖徳太子を巡る人々

聖徳太子の子孫たち

滅び去った太子の一族

●結束の強かった聖徳太子の子孫たち

聖徳太子の子孫といえば山背大兄王が有名だが、それ以外の子や孫の人数については正確には分かっていない。聖徳太子の子女は『上宮聖徳法王帝説』に基づけば一四名（一三名説もある）だという。菩岐々美郎女の子が舂米女王《つきしねのひめみこ》・長谷王《はつせのみこ》・久《く》波太女王《わたのひめみこ》・波止利女王《はとりのひめみこ》・三枝王《さきくさのみこ》（三つ子の意で個人名でないとも）・伊止志古王《いとしこのみこ》・麻呂古王《まろこのみこ》・馬屋古女王《うまやこのひめみこ》の八名、刀自古郎女の子は山背大兄王・財王《たからのみこ》・日置王《ひおきのみこ》・片《かた》岡女王《おかのひめみこ》の四名、橘大郎女の子は白髪部王《しらかべのみこ》、手嶋女王《てしまのひめみこ》である。

これら子女たちは斑鳩やその近郊に住んでいたようだ。山背大兄王は異母妹の舂米女王と結婚し六人（七人とも）の子をもうけた。この婚姻は、上宮王家の団結を図《はか》るため聖徳太子が二人を結びつけたものだろう。

長谷王は推古天皇没後、山背大兄王の即位に奔走《ほんそう》するも、その最中に急死したと

聖徳太子の子孫たち

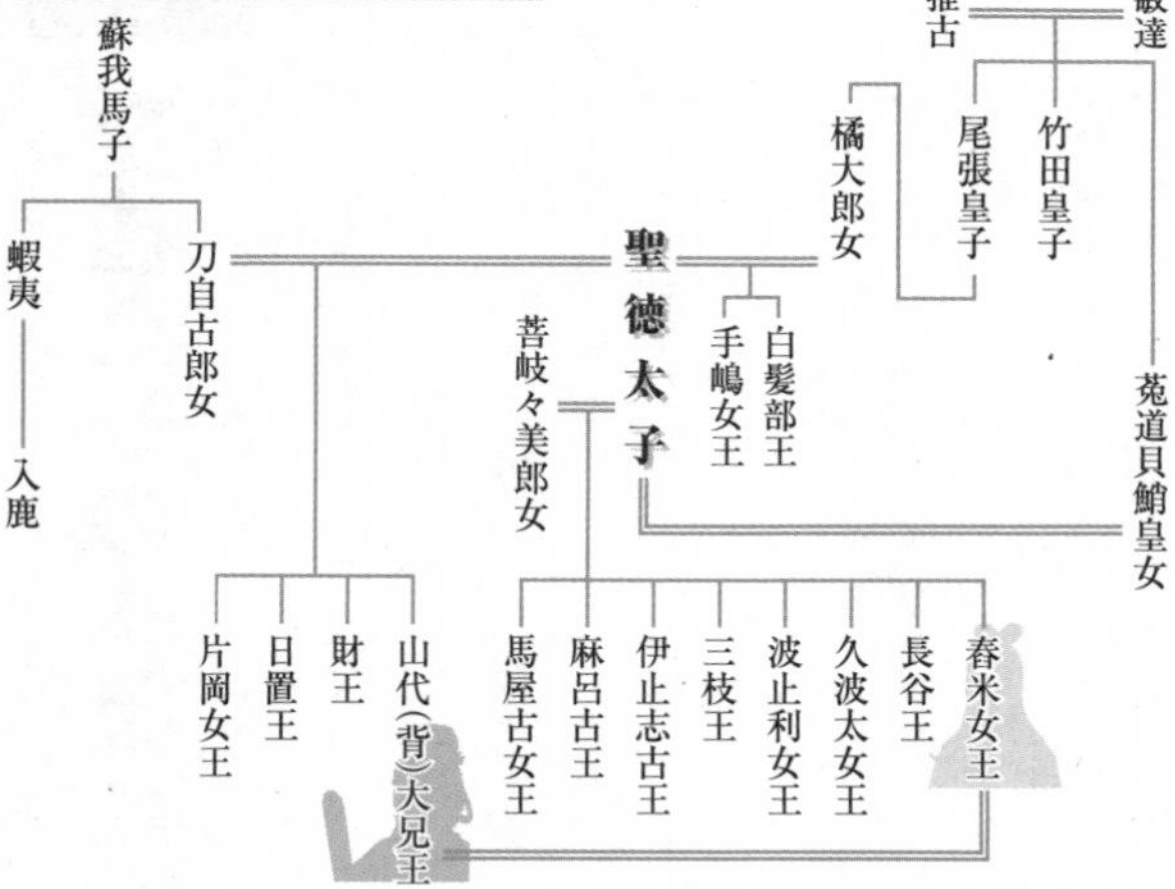

『上宮聖徳法王帝説』をもとに作成

いう。孫は山背大兄王の子の七名と日置王の子の三名、長谷王の子の二名が知られるのみだが、その名には摂津・河内と関わりの深い名前が多い。これは、一家が大阪平野へ進出した証だろう。

上宮王家は皇極二（六四三）年、蘇我入鹿に斑鳩宮を急襲され、山背大兄王ら一族郎党が自害に追い込まれる。

上宮王家は聖徳太子の死からわずか二十年あまりの後に滅亡の時を迎える。上宮王家の滅亡によって、聖徳太子の血脈は事実上途絶えている。

【参考文献】

『斑鳩の白い道のうえに』上原和、『大王から天皇へ』熊谷公男、『人間聖徳太子』前田恵学ほか、『日本書紀 全現代語訳 下』宇治谷孟、『飛鳥の朝廷』井上光貞（以上、講談社）／『聖徳太子事典』黛弘道ほか編、『聖徳太子七つの謎』新人物往来社編、『聖徳太子のすべて』武光誠ほか編、『新視点日本の歴史 第2巻 古代編1』白石太一郎ほか編（以上、新人物往来社）／『聖徳太子』坂本太郎、『和国の教主 聖徳太子』本郷真紹、『聖徳太子と飛鳥仏教』曾根正人、『聖徳太子の伝承』藤井由紀子（以上、吉川弘文館）／『「日出づる処の天子」は謀略か』黒岩重吾、『高僧伝2』花山勝友、『図説日本の歴史3』井上幸治編（以上、集英社）／『謎の豪族 蘇我氏』、『謎の渡来人 秦氏』『女帝と譲位の古代史』水谷千秋（以上、文藝春秋）／『律令国家と万葉びと』鐘江宏之、『聖徳太子Ⅱ 憲法十七条』梅原猛（以上、小学館）／『聖徳太子と法隆寺の謎』倉西裕子、『蘇我氏の古代史』武光誠（以上、平凡社）／『隠された聖徳太子の世界』大橋一章ほか、『聖徳太子 未完の大王』遠山美都男（以上、日本放送出版協会）／『四天王寺の鷹』谷川健一、『夢殿の闇』小椋一葉（以上、河出書房新社）／『聖徳太子はなぜ天皇になれなかったのか』遠山美都男、『法隆寺』町田甲一（以上、角川書店）／『聖徳太子虚構説を排す』田中英道、ＰＨＰ研究所）／『聖徳太子』田村圓澄、『日本の古代7』岸俊男編、『飛鳥―水の王朝』千田稔（以上、中央公論新社）／『いま、甦る聖徳太子』堺屋太一（出版文化社）／『歴史群像シリーズ 飛鳥王朝史』（学習研究社）／『聖徳太子』吉村武彦、『飛鳥』和田萃（以上、岩波書店）／『聖徳太子』武光誠（社会思想社）／『古代史を読み解く謎の十一人』瀧音能之（青春出版社）／『キーワードで引く古事記・日本書紀事典』武光誠ほか編（東京堂出版）／『聖徳太子と玉虫厨子』石田尚豊（東京美術）／『厩戸皇子読本』藤巻一保（原書房）／『聖徳太子の歴史を読む』上田正昭ほか（文英堂）／『もう一度学びたい古事記と日本書紀』多田元監修（西東社）／『聖徳太子に学ぶ外交』豊田有恒（祥伝社）／『海外視点　日本の歴史3』土田直鎮ほか編（ぎょうせい）／『聖徳太子』中村元（東京書籍）／『日本の歴史2』青木和夫ほか（朝日新聞社）／『いま、聖徳太子の知恵が未曾有の国難を救う』小林彌六（ごま書房）／『聖徳太子の実像と幻像』梅原猛ほか（大和書房）／『女帝推古と聖徳太子』中村修也（光文社）／『聖徳太子はシルクロード合成人間』久慈力（現代書館）／『史話日本の歴史4』清原康正編（作品社）／『聖徳太子の「秘文」開封』飛鳥昭雄ほか（徳間書店）／『太子信仰』蒲池勢至編（雄山閣出版）

本書は二〇一〇年『図説　古代日本のルーツに迫る！　聖徳太子』として小社より新書判で刊行されたものに加筆修正したものです。

青春文庫

図説 地図《ちず》で迫《せま》る古代日本《こだいにほん》のルーツ！

聖徳太子《しょうとくたいし》 遺《のこ》された七《なな》つの謎《なぞ》

2021年7月20日　第1刷

監修者　千田《せんだ》　稔《みのる》

発行者　小澤源太郎

責任編集　株式会社プライム涌光

発行所　株式会社青春出版社

〒162-0056　東京都新宿区若松町 12-1

電話 03-3203-2850（編集部）

03-3207-1916（営業部）

振替番号　00190-7-98602

印刷／大日本印刷

製本／フォーネット社

ISBN 978-4-413-09781-9

©Minoru Senda 2021 Printed in Japan

万一、落丁、乱丁がありました節は、お取りかえします。

本書の内容の一部あるいは全部を無断で複写（コピー）することは著作権法上認められている場合を除き、禁じられています。

ほんとうのあなたに出逢う◆青春文庫

結局、「決める力」がすべてを変える
流される人生から、自分で選択する人生へ
藤由達藏
行動する力が生まれる、スパッと決められる、先延ばしグセがなくなる…ぐずぐずする自分・優柔不断な自分にオサラバする方法
(SE-768)

図説 地図とあらすじでわかる!
古事記と日本書紀
坂本 勝[監修]
『古事記』と『日本書紀』は何が違うのか、日本人の源流とはいったい何か…なるほど、そういう話だったのか!
(SE-769)

謎と疑問にズバリ答える!
日本史の新視点
新 晴正
その歴史常識には、裏がある! 大坂の陣の後、海外で活動した日本のサムライ傭兵の謎ほか、目からウロコの推理と読み解き!
(SE-770)

そわそわしない練習
植西 聰
「ちゃんとやらなきゃ」「嫌われちゃいけない」「SNSだけで時間が過ぎる」…忙しい中でも、焦らず自分らしくいられるヒント
(SE-771)

小学生はできるのに大人は間違える日本語

意外と手強い！
いまさら聞けない！
頭の回転が速くなる〝言葉〟の本。

話題の達人倶楽部［編］

(SE-772)

「ずるい人」が周りからいなくなる本

あなたの心を支配してくるモヤモヤ・怒り・憤りたちを大人気カウンセラーがみるみる解決！　文庫だけのスペシャル解説つき。

大嶋信頼

(SE-773)

サクッと！頭がよくなる東大クイズ

東大卒クイズ王・井沢拓司氏絶賛！
日本一の思考センスに磨かれる最強クイズ100問。あなたは何問解けるか。

東京大学クイズ研究会

(SE-774)

暮らしと心の「すっきり」が続く ためない習慣

「生きやすくなる」ための習慣作り術。ためない習慣が身につくとモノ・コト・心がすっきりします。【100の習慣リスト】付き。

金子由紀子

(SE-775)

ほんとうのあなたに出逢う　青春文庫

そこを教えてほしかった
理系の雑学
おもしろサイエンス学会［編］
え！　ウソ!?　ビックリ！
宇宙、地球、テクノロジー、脳、人体…
科学のニュースが自信を持って語れる本。
（SE-776）

図説　日本の異界を歩く！
遠野物語
志村有弘［監修］
座敷童子、オシラサマ、河童、神隠し…なるほど、そういう話だったのか！　大人が読むから面白い、地図とあらすじの旅へようこそ
（SE-777）

1日1分
骨から小顔
南　雅子
顔が大きいのは「骨格のゆがみ」が原因！
「ボディから整える」セルフ整体のメソッドで永遠に小さな顔が手に入る
（SE-778）

日本人が追い求めてきた美の世界
色の名前の日本史
中江克己
「緋」「蘇芳」「藍色」「浅葱」
「梅染」「利休茶」「龍胆」「半色」…
なぜ、その色に心を打たれるのだろう！
（SE-779）

ほんとうのあなたに出逢う　青春文庫

アドラーが教えてくれた
「ふたり」の心理学

岩井俊憲

アドラー心理学研究の第一人者が伝える
恋人、夫婦、家族…「ふたり」の
心地いい関係がずっと続く秘密

(SE-780)

図説　地図で迫る古代日本のルーツ！
聖徳太子
遺された七つの謎

千田　稔［監修］

仏教保護、遣隋使、冠位十二階、憲法十七条、
法華経、四天王寺…聖徳太子の虚像と実像、
そして「和の国」の成り立ちとは！

(SE-781)

健診・人間ドックではわからない！
かくれ高血糖が体を壊す

池谷敏郎

「食後に動くと消化にわるい」は昔の常識。
糖尿、心臓病、脳卒中、がん、認知症、うつ…
を防ぐ「頭のいい習慣」！

(SE-782)

※以下続刊

お願い ページわりの関係からここでは一部の既刊本しか掲載してありません。
折り込みの出版案内もご参考にご覧ください。

大好評！ 青春文庫の図説シリーズ

図説

地図とあらすじでわかる！

古事記と日本書紀

坂本　勝［監修］

『古事記』と『日本書紀』は何が違うのか、
日本人の源流とはいったい何か…
なるほど、そういう話だったのか！

ISBN978-4-413-09769-7　1170円

図説

日本の異界を歩く！

遠野物語

志村有弘［監修］

座敷童子、オシラサマ、河童、
神隠し、マヨイガ…
なるほど、そういう話だったのか！
大人が読むから面白い、
地図とあらすじの旅へようこそ

ISBN978-4-413-09777-2　1190円

※上記は本体価格です。（消費税が別途加算されます）
※書名コード（ISBN）は、書店へのご注文にご利用ください。書店にない場合、電話または Fax（書名・冊数・氏名・住所・電話番号を明記）でもご注文いただけます（代金引換宅急便）。商品到着時に定価＋手数料をお支払いください。
〔直販係　03-3207-1916　Fax 03-3205-6339〕
※青春出版社のホームページでも、オンラインで書籍をお買い求めいただけます。
ぜひご利用ください。〔http://www.seishun.co.jp/〕